# 北欧的知识
# 斯德哥尔摩大学

王子安◎主编

汕頭大學出版社

图书在版编目（CIP）数据

北欧的知识巨轮——斯德哥尔摩大学 / 王子安主编
. -- 汕头 ：汕头大学出版社，2012.4（2024.1重印）
ISBN 978-7-5658-0715-2

Ⅰ．①北… Ⅱ．①王… Ⅲ．①斯德哥尔摩大学－概况
Ⅳ．①G649.532.8

中国版本图书馆CIP数据核字(2012)第066411号

北欧的知识巨轮——斯德哥尔摩大学

| 主　　编： | 王子安 |
|---|---|
| 责任编辑： | 胡开祥 |
| 责任技编： | 黄东生 |
| 封面设计： | 君阅天下 |
| 出版发行： | 汕头大学出版社 |
| | 广东省汕头市汕头大学内　邮编：515063 |
| 电　　话： | 0754-82904613 |
| 印　　刷： | 河北浩润印刷有限公司 |
| 开　　本： | 710mm×1000mm　1/16 |
| 印　　张： | 11 |
| 字　　数： | 80千字 |
| 版　　次： | 2012年4月第1版 |
| 印　　次： | 2024年1月第2次印刷 |
| 定　　价： | 50.00元 |

ISBN 978-7-5658-0715-2

版权所有，翻版必究
如发现印装质量问题，请与承印厂联系退换

# 目 录

## 世纪明珠

斯大风貌 ………………………………………………… 3
斯大的学者校长——林登高那 …………………………… 16
德才兼备的女校长——英格瓦 …………………………… 19

## 学者生涯

开创新篇章的化学权威——柏济力阿斯 ………………… 27
人工合成尿素的首创者——维勒 ………………………… 46
历经磨难的犹太女科学家——梅特纳 …………………… 62
揭开大气运动之迷的气象学家——皮叶克尼斯 ………… 75
世界生态哲学泰斗——奥耐·聂斯 ……………………… 85
国际交流的奉献者——奥格 ……………………………… 89
身残志坚的教育家——西奥雷尔 ………………………… 92

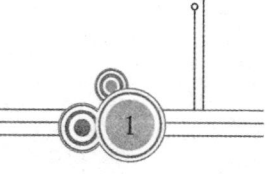

走进科学的殿堂

## 魅力女强人

首位进入高等教育领地的卓越女数学家——桑雅 …………… 99
联合国和平使者——阿尔瓦 …………………………………… 104
瑞典皇家科学院女院士——布鲁特 …………………………… 122
倡导女权的斯大女教授——缪斯 ……………………………… 128

## 东方情结

汉学家罗多弼 …………………………………………………… 133
日本学专家谷尼拉 ……………………………………………… 142
丝绸之路的探索者——斯塔凡 ………………………………… 146

## 诺贝尔风华

引起分歧的诺贝尔奖获得者——阿列纽斯 …………………… 155
未学过化学专业的诺贝尔化学奖获得者——克鲁岑 ………… 164

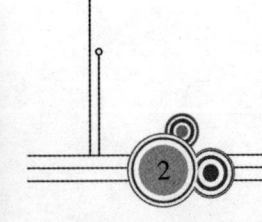

# 世纪明珠

北欧的知识巨轮——斯德哥尔摩大学

## 斯大风貌

斯德哥尔摩是瑞典的首都，也是瑞典第一大城市，其地处波罗的海和梅拉伦湖交汇处，面积200平方公里，由14个岛屿和乌普兰与瑟南曼兰两个陆地地区组成。斯德哥尔摩至今已有700余年的历史，今日不仅发展为全国政治、文化中心，也是全国经济和交通中心。其工业总产值和商品零售总额均占全国的20%以上，拥有钢铁、机器制造、化工、造纸、印刷、食品等各类重要行业，全国各大企业以及银行公司的总部

斯德哥尔摩

世纪明珠

有60%设在这里。斯德哥尔摩风景秀丽，城市临湖和滨海一带尤为秀美。梅拉伦湖有大大小小岛屿400余座，每座岛屿都风采各异。

坐落在斯德哥尔摩的斯德哥尔摩大学是瑞典规模最大的大学之一，也是瑞典高等教育科研的中心机构。学校所在地环境优美，公园式的建筑风格融合了传统文化和现代化气息。

斯德哥尔摩大学建校于1878年，前身名为斯德哥尔摩高等学院，成立之初只开设自然科学方面的课程。1904年建立授予学位制度，在随后的20年间创建了法律和人文科学学院。1960年正式改名为斯德哥尔摩大学，成为国立大学。从此学生人数陡增，校舍逐渐扩展。20世纪70年代初期，大学从市中心搬到了美丽的FRESCATI，属于约高登区的地方，那里还属于斯德哥尔摩地区，离市中心五公里。斯德哥尔摩大学紧联着全世界第一的城市国家公园，旁边是一片茫茫的大森林，又四面环湖。

斯德哥尔摩大学

## 北欧的知识巨轮——斯德哥尔摩大学

从半空中俯瞰斯德哥尔摩大学的校园，但见宏伟的大楼，小巧的别墅，为一片郁郁葱葱所环抱。蓝色的大湖就像恬静的少女，紧紧地依偎着森林。森林里总是可以看到斯德哥尔摩大学学子的身影，夏天，他们在森林里采草莓和蘑菇，冬天，他们在森林里滑雪溜冰。

从斯德哥尔摩大学建校时，就开始了物理和化学的公开讲课，从此就担负起向社会免费教育的责任（瑞典的高等教育实行免费教育）。按照大学的传统，每周二总有对外开放的课程，其中包括了社会、自然、艺术、地理等不同领域，而讲课的大多是大学里著名的研究员和专家教授。瑞典是一个极其重视全民教育的国家，除了国家提供大量的资金给各高等院校外，也在公众教育方面投入许多的财力。同时瑞典人民对大学的公开课表现出了极大的兴趣，他们认真地听讲，积极地提问，在活跃的讨论之中增强了学科的知识，提高了素养。投资知识后的回报确实是可观的，瑞典成了以高科技为出口的主力军，代表了瑞典民族整体的科学教育水准。

斯德哥尔摩大学拥有许多杰出的女教授和女研究员，也有皇家科学院的女院士。人们深深地记住桑雅·卡巴列夫斯基，这个在俄罗斯出生的数学家，享有妇女解放运动领袖的声誉，对于改变妇女长期无权进入高等教育领地的状况贡献卓著。1884年，她在斯德哥尔摩大学成为一位教授，这在欧洲大学历史上是第一位女性教授。

斯德哥尔摩大学的化学系

斯德哥尔摩大学校徽

**走进科学的殿堂**

有着强大的阵容。阿列纽斯是1903年诺贝尔化学奖的得主,也是斯德哥尔摩大学杰出的研究员。1929年,化学系又一次为大学增添了荣誉,奥伊勒·歇尔平与另一名英国学者一起共同获得了诺贝尔化学奖。1995年诺贝尔化学奖的共同得主之一是保罗·克鲁岑,他的大学时代和博士研究生时代是在斯德哥尔摩大学度过的,他的得奖真正是母校极大的荣誉和骄傲。为此,学校忙着组织记者招待会,采访的记者们蜂拥而至,把礼堂围得水泄不通。化学系是人才辈出的地方,也是诺贝尔化学奖获得者的摇篮,一个世纪以来吸引着成千上万的科学家、学者来到这儿工作、进修、讲学,校友们的荣誉激励着今天的学子们在不同的领域里拼搏向上。是的,斯德哥尔摩大学为瑞典、为世界输送了优秀的人才。

斯德哥尔摩大学以宽广的胸怀每年接纳来自全球的学生,有100多个国家来的学生、学者和讲师,活跃在校园里,他们为斯德哥尔摩大学带来了科学文化的多元化,使校园里弥漫着新鲜的学术空气。思想与研究方式的交流,推动了斯德哥尔摩大学科学文化研究的步伐。诺贝尔奖的获得者保罗·克鲁岑就不是瑞典人,他是荷兰籍的。世界各国人民之间的友谊、理解也在这里得到蓬勃的发展。

斯德哥尔摩大学最基本的教学单位是系,其教学研究说的来说可以粗略分成四类:"自然科学、人文科学、法律科学和社会科学等,共有约80年领域的教学(共开设600多门课程)和研究系科,其数学、物理、化学、生物和地理等属于自然科学。

数理部分有冶金学、理论物理、数学、航天物理、应用数学、物理

世纪明珠

保罗·克鲁岑

6

系统、航天科学、微粒子物理等。生物部分有植物学、动物学、微生物学、生态学、放射生物学、自然资源管理、动物生理学、海洋生态、细胞科学、神经科学和神经毒理学、分子生物、基因、遗传学、免疫学。化学部分有生物化学、无机和有机化学、化学分析、分析化学、结构化学、物理化学、金属化学、应用化学等。大地科学部分包括了地质学、地理学、矿物学、石油储藏、地质化学、测量、遥感等。

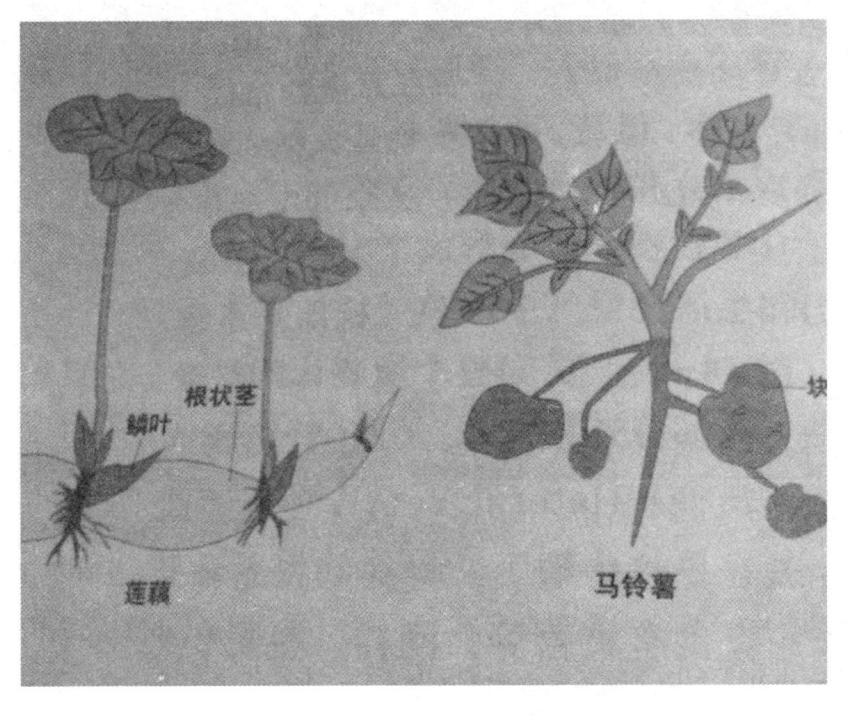

药用植物学

人文科学包括语言部分、历史哲学部分等。其中语言部分有斯拉夫语言及文学（国别）、普通语言学、阿拉伯语言及历史、罗马语言、法语、印度支那语言、演讲学、英语、汉语及中国文化、韩语及文化、瑞典语。历史哲学部分有考古学、斯堪的娜维亚语言和文化、比较艺术

走进科学的殿堂

史、古代文化和文明、实践哲学、文学历史、儿童文学、宗教历史、戏剧及其历史、艺术理论、新闻学、文学、理论哲学、思想历史、城市历史等。

斯堪的娜维亚风光

法律部分有民法、市场法、消费者保护法、公共法律、法律程序、金融和经济法、刑法、法律历史、犯罪学、罪犯改造、国际法、劳工法、保险法、法学理论等。

社会科学部分有经济历史、社会工作、环境心理学，污染与环境、经济和务工、公共事业管理、公共行政事务、社会学、统计学、社会人类学、社会发展研究、教育学、信息加工、国际经济、政治科学、商业管理、人口学、人类的地理分布、社会心理学、国际关系、巴尔干研究、社会政策等。

上述四个学院制定本科生和研究生课程，并负责落实学校的研究工

## 北欧的知识巨轮——斯德哥尔摩大学

作。此外，除了学院之外，斯德哥尔摩大学还有分院和一些中心，如巴尔干研究中心、儿童文学研究中心、妇女研究中心、双语言研究中心、自然资源和环境研究中心、亚太研究中心、英语学生分院、国际经济研究分院、社会研究分院、海洋研究分院等。

斯德哥尔摩大学的组织结构是：大学董事会、学院董事会（院长）、系（系主任）。斯德哥尔摩大学现任校长是 Gustaf Lindencrona（金融法教授），副校长是

巴尔干半岛

斯德哥尔摩大学一景

## 走进科学的殿堂

Gunnel Engwall（拉丁系语言，特别是法语，教授）。大学董事会是最高决策机构，包括董事会主席在内的半数成员代表公共利益，其他成员则是大学和学生组织的代表。校长根据董事会授权就有关问题作出决定，也负责实施董事会的各项决定。另外，校长还和学校总监一起负责学校的日常工作运转。学院董事会成员由学院、职工和学生代表组成，有时也包括来自校外的相关人员。学校的大多数工作由各个系和研究所承担。每个系都有一个董事会和董事会主席，董事会由教师和学生组成。

斯德哥尔摩大学风光

斯德哥尔摩大学的科学研究工作与国际学术界有着密切的联系，其研究工作在许多领域里达到国际领先的地位。斯德哥尔摩大学向全世界的优秀学者敞开大门，也向人类贡献着不同民族的聪明才智。生化系博士生中的四分之一是外国学生，来自十几个国家，真可谓是一个小小的联合国，因为科学是没有国界的。

## 北欧的知识巨轮——斯德哥尔摩大学

中世纪曾经是人类历史上辉煌的时期，斯德哥尔摩大学的人文学科对中世纪的研究是突出的。历史、历史艺术和考古的教学和研究，在这里占据很重要的地位。亚太研究中心主要研究亚太地区的政治和经济，戏剧研究和电影研究的教授席位是全瑞典唯一的。世界是一个多元化文化的世界，除了使用的瑞典语外，斯德哥尔摩大学敞开胸襟，教授27种不同国家的语言。东亚语言研究是斯德哥尔摩大学的特色之一。手势语（为聋哑人和立志于解释、研究手势语的正常人开设的）、比较语言学和移民语言研究别具一格，全世界第一个手势语教授职称就是在斯大被授予的。东方语言学系专门从事东亚国家研究，设有汉语言文化、日本学和朝鲜语言文化等专业，后两个专业全瑞典仅斯大设置。另设语言学教程和计算机语言学教程，有发音生理学和知觉方向的教授予权。

长跨度研究是斯德哥尔摩大学的另一个特色，着重点在某个人或某群人在相当长一段时间内的变化。其中"个人发展及其调查"课题，专门对1960年中期读小学的人进行指导；另有一个课题专门研究人们从出生到而立之间的30年。当今地球上不同地方的距离似乎缩短了。思想、语言、形象在世界各地的传递没有任何障碍，这就为跨国合作与交流提供了可能。

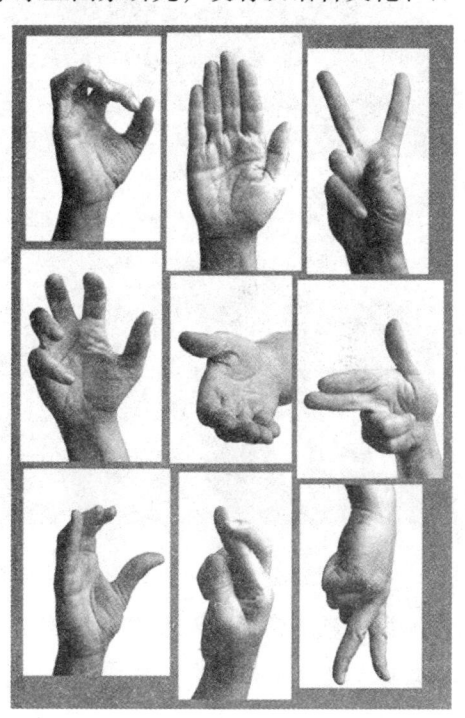

手势语

## 走进科学的殿堂

与此同时,教育作为跨国交流合作的一个重要组成部分,也早已被提上了议事日程。另外,斯德哥尔摩大学的同声翻译和翻译学院在瑞典也是唯一的。此外还有儿童文学中心、文学历史系、妇女研究中心、新闻和大众传媒系。

法律学科的课程基本上都用英语教授,如国际环境法、国际公法、EEC法、知识产权保护法、国际税收法、出口法、海商和运输法。法律学院与欧洲各国的五十多个法律学院有密切的联系,还出版法律杂志和书籍。

斯德哥尔摩大学 frescati 校区

大学是培养专门人才的高等学府,也是陶冶情操,培养素质,为社会提供一代又一代意气风发、勇于创新、追求和谐的世界的建设者。斯德哥尔摩大学的学生在3400人左右,是瑞典最大的高等教育基地,也是欧洲首都大学网络的成员,国际学生可以参加瑞典语的授课或是英语的授课。在斯德哥尔摩大学,有一个鲜明的特征就是学生中很大的比例

是成年人，也有一些老人们。他们中的一些人早年在大学修了一些学分，但没有修满就急于走上工作岗位，或由于种种原因中止了学习，学校一直为他们保留着档案，随时欢迎他们重返校园。也有人一直等到退休，才又回到往日安静的课堂，而许多人是来学习新的科技与文化知识的。

斯德哥尔摩大学除有自然科学院、人文学院、社会科学院和法学院四个学院外，还开设了几门国际硕士课程，有教育学，法律，瑞典社会研究和工商管理。还设有波罗的海问题、日本问题、大众传播工具、国际移民和种族关系、亚太地区、儿童文化6个研究中心以及社会问题、拉美问题、国际形势、国际教育、海洋生态学5个研究所。

斯德哥尔摩大学本科设第一级学位，学制3－4年；研究生阶段设博士学位，要求取得第一级学位后再研读4年。还设有1－2年半的短期课程；经费均由国家提供，免收学费；教学用语为瑞典语。用英文授课的硕士学位有电影研究、英国文学、英语语言学、文学与语言学、传媒与信息交流、舞蹈研究、欧洲知识产权法（春季入学）、欧洲法、国际商业仲裁法、法律与IT、分析化学、天文学、生物化学、生物信息学、分子生物物理学、生物品种与保护、生物、生物－地球科学、生态学、生态系统与全球化、进化生物、实验植物生物、海洋生物、分子生态学、分子生命科学、毒物学、可持续创业、营养学、环境化学、环境科学、应用数学、生物统计学、金融数学与金融、数学统计、数学、冰河学与极地环境、水资源、气候发展、陆地分析、环保、环境分析与管理、地球化学、地质学、海洋学、医学化学、有机化学、分子神经生物学、蛋白化学、计算物理学、物理、理论物理、会计与审计、银行业与金融、国际策略管理、市场营销、管理与社会、计算机与系统科学、策略IT管理、信息与通信技术、国际比较教育学、经济学、人口健康、

**走进科学的殿堂**

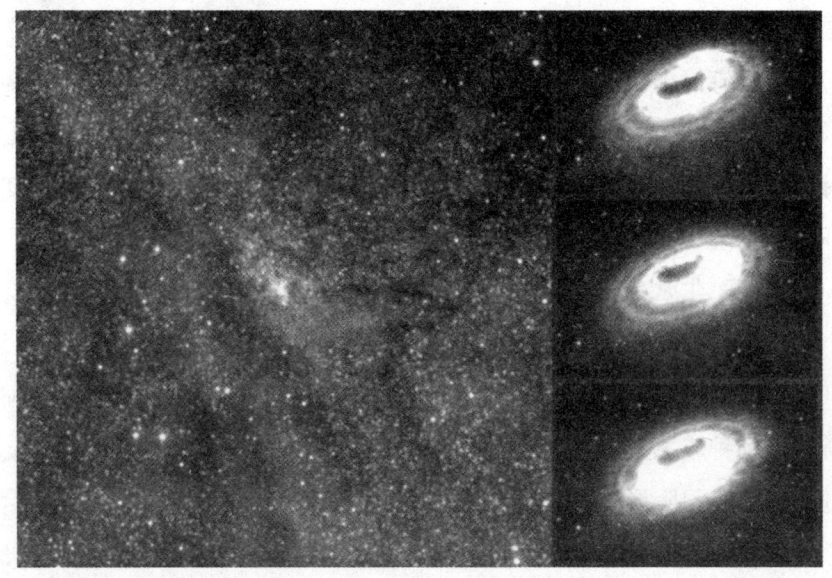

天文学

全球化、环境与社会进展、人文地理、城乡规划、社会人类学、人口统计学、社会工作等。

如果想申请去斯德哥尔摩大学留学，基本的入学要求必须是相关专业本科毕业，学士学位；托福550/213/79或雅思6.0以上，各科不低于5分。其英语语言要求是雅思6.0分（各项不低于5.0）；托福550分，或网考79分。申请条件须是大四在读或本科学位相关专业毕业；大学平均成绩75分以上。其学费是90000－120000元/年（根据专业不同，费用有所不同），入学时间是

托福考试

八月中旬。

　　终身学习是国富民强的根本，终身学习又使人生的价值得到了升华。斯大就像一艘扬帆远航的巨轮，自创立时起就不断地载着万千学子驶向一个又一个新的彼岸。

走进科学的殿堂

# 斯大的学者校长——林登高那

斯德哥尔摩大学的校长首先是由学校的选举委员会选出来，尔后报政府批准，再由政府正式任命。选举并不是普选，而是有一个选举委员会，由12个学生代表，12个工会代表，36个教授学术方面的代表所组成的。1994年这个委员会选出古斯塔夫·林登高那教授为校长，政府批准后任命他担任6年校长。在这之前他担任了大学法学系的主任，当

斯德哥尔摩大学一景

时他的两个孩子都在斯德哥尔摩大学就读,他们问父亲,他们是否应该转到其他校去学习。父亲告诉他们大可不必,因为斯德哥尔摩大学是瑞典最好的学校,他当校长不会影响他们的学习。

他成为校长后,来自大学所属学院的同事们送来的鲜花,摆满了校长的办公室。人们都很尊敬他,因为他是一个学者,一个擅长经济的专家。其实,早在20世纪60年代时,他就已经是瑞典人民党青年协会的领袖了,但是他没有选择从政的生涯,而是选择了学者的生涯。

出生在斯德哥尔摩的林登高那校长,对于这个城市,对于他工作了多年的斯德哥尔摩大学有着很深的感情。每天他风雨无阻地从家里步行半个多小时到学校。在学校里,他不喜欢老在校长楼里待着,而是喜欢去各学院走走,和学生、教师以及管理人员随意地聊聊。他很喜欢斯德哥尔摩大学那美丽的自然环境,而不愿意再多盖楼去破坏这个和谐的读书、做学问的环境。

林登高那是一个贵族家庭的姓,古斯塔夫·林登高那1938年出生在一个贵族家庭里,父亲是瑞典一家大的保险公司的执行董事长。他是学经济出身的,但是也学过文科和法律,他有学士、硕士、博士多种学位,精通英语、法语、德语、俄语等多种语言。他从1976年起就成为了税收法的教授。他一共出过十本书,其中名为《收入税》是和其他三个作者合作的,受到普遍的欢迎,几乎每年都有一个新版。很显然,瑞典的高福利制度是建立在高税收的基础之上的,所以税收和税收法就是一个相当值得去研究的领域。

很值得一提的是,在担任校长前,林登高那曾是国家瑞典银行的副总裁(1991—1994年)。这是一个相当高的职位,瑞典银行是属于瑞典议会领导的,主要职责是制定金融政策,政府宣布银行增息或减息。比如1998年由于全球的金融风暴,导致世界股票市场大幅度下跌,美国

## 走进科学的殿堂

政府在短短的六周里三次宣布降息，股票市场才恢复平静。一个国家的经济稳定当然是在于经济政策的制定上，所以瑞典银行的八个董事，是由议会从政党和著名的经济学家中选出来的。林登高那在位之时，正是瑞典遭遇经济危机、瑞典克朗贬值的时刻，他从经济学家的立场出发，为瑞典度过经济危机，转向平稳发展，作出了自己的贡献。

瑞典克朗正面

林登高那擅长的专业包括国际税收法，许多年来他致力于研究税收的结构，积极地投入关于税收问题的讨论。在斯德哥尔摩大学的法学学生心目中，他又是一个很受欢迎的教授。的确，古斯塔夫·林登高那有着很广的阅历，曾经是教授协会主席的他，一直维护教授利益，强调教授在整个社会中的重要作用和贡献。他也曾经是斯德哥尔摩大学教师工会的执行委员，长期的社会工作又造就了他独特的思维能力和杰出的组织才能，这一切都为他出任斯德哥尔摩大学这个第一流的欧洲大学的校长，奠定了坚实的基础。

北欧的知识巨轮——斯德哥尔摩大学

# 德才兼备的女校长——英格瓦

计算机在当今的信息时代里,以势不可挡的威力在全世界运作。网络连接起世界的信息高速公路,地球村的人们在这里交换信息,超越地理的限制,驰骋在各个领域的疆场上。20世纪60年代在欧洲最早运用计算机的学者中,有一位是斯德哥尔摩大学的副校长谷那·英格瓦,她是罗曼语言的法语教授。

1942年,英格瓦出生于一个教授的家庭。父亲是有名的北欧历史学家,对古老的石刻文字特别有研究,母亲是教授英语与法语的,他们住在斯德哥尔摩的风景区萨尔巴登,与瑞典著名的画家斯万·埃里克松(1899—1970年)为邻。那是一个多么快乐的童年,洒满了金色的阳光。她和父亲及斯万常常在冬天暖暖的阳光下一起溜冰,他们一直珍藏着斯万画的英格瓦和父母一起溜冰

地球村

世纪明珠

## 走进科学的殿堂

的画。

英格瓦爱好体操运动，曾经想成为一名体操教师。但是，人的职业生涯有时会由一次偶然的旅行所决定。那次她去法国旅行，从此而喜欢上了法兰西的民族与语言。1966年，她获得了斯德哥尔摩大学的法语和拉丁语硕士学位。1967年，英格瓦开始接触并使用计算机，那时的她读了25本法语的小说，她用计算机来统计在这些书中常用的20000多个法语的词。尽管那时的计算机现在看来是那么的庞大，但是她已经敏锐地觉察到计算机的功效是极其强大的，她相信计算机一定会走向每一个学者的书桌前。如今，她是大学计算机协会主席，在副校长的职责范围里也包括计算机的领域。

1970年英格瓦去了美国，在匹兹堡和加利福尼亚的柏克利分校作了一年的访问学者。那是为她扩大专业和计算机领域视野的一年，也为

乌普萨拉大学

## 北欧的知识巨轮——斯德哥尔摩大学

她在美国东海岸和靠近古巴的维尔京群岛的大海里勇敢扬帆的生活，泼上了浓浓的一个大彩笔。人生是灿烂多彩的，英格瓦的青春岁月充满了朝气。

20世纪70年代，英格瓦和现在是瑞典乌普萨拉大学经营管理系教授的丈夫，一起住在比利时布鲁塞尔的法语区。那时，她的第一个儿子出世了，她开始很高兴地在比利时当起了妈妈的角色。比利时是一个与法国、荷兰、德国、卢森堡接壤的国家，法国大革命时期，比利时曾经是法国的属地，后来并入荷兰，1831年宣告独立。历史原因使得比利时的语言分为南北两大区，北部人讲与荷兰语相近的弗拉芒语，南部人讲法语，这两种语言都是官方语言。

从那时候开始，她就对瑞典作家斯特林堡（1849—1912年）的法语著作的研究发生了浓厚的兴趣。

斯特林堡是瑞典著名的戏剧家和作家，他在瑞典的文学史上占有极其重要的位置。1916年的诺贝尔文学奖的获得者、瑞典人海登斯坦（1859—1940年），17岁时因病去瑞士休养，在那里他幸会了斯特林堡，奠定了他后来创作生涯成功的基础。斯特林堡在瑞典、欧洲乃至世界的影响都是巨大的，所以对于他的研究，当然非常重要。1893—1896年，斯特林堡曾经在柏林和巴黎居住，他的部分著作是用法语写成的。英格瓦很高兴地听说斯特林堡的一本名为 *En dares försuarstal* 的小说手稿在奥斯陆发现，那是用法语写的。1974年她成为了法语博士，从此研究斯特林堡就成为她主要的研究项目了。20多年来，英格瓦用瑞典语、法语在国内外杂志和学术会议上发表了许多有重大研究价值的文章，也出版了一本关于斯特林堡法语著作的书。现在她已是研究斯特林堡的著名专家了。

在瑞典担任教授的学者，每5年就可以有半年的休假。1995

走进科学的殿堂

年，英格瓦和丈夫双双取得了休假的资格，他们选择了到巴黎居住。巴黎历来是欧洲艺术文化的圣地，正因为斯特林堡当年在巴黎住过，所以英格瓦怀着极大的热情寻找他的足迹。她去法国国家图书馆阅读资料，在香榭利舍大街上与丈夫一起散步时探讨她的研究计划……半年的巴黎生活使她更充实了自己研究领域的知识，同时也写下了许多文章，纪录了宝贵的资料。难忘的半年的巴黎生活，使英格瓦在这一欧洲艺术的名城中流连忘返，陶醉在艺术崇高的境地里。

世纪明珠

巴黎风光

作为一个教授，一个大学的副校长，是需要有多方面的修养的。

英格瓦对艺术的爱好，使她对自己的专业也触类旁通。她非常

## 北欧的知识巨轮——斯德哥尔摩大学

喜欢看画展，艺术的真谛在画家的作品中呼之欲出，而画家笔下的自然风景更是她所偏爱的，云层薄雾，风雪黄昏，碧海轻舟，山谷瀑布，彩霞飞鸟……这一切都会给她许多的启示，激活她的思维与明辨力。而金碧辉煌的大卢浮宫更是她每次去巴黎时的必到之处，首先，卢浮宫外的美籍华人建筑家贝聿铭的非凡的手笔——透明的金字塔式的建筑群，就使她流连在多元艺术的氛围中，而宫里收藏的美索不达米亚艺术、波斯艺术、希腊艺术、国际哥特式风格、枫丹白露画派、法国罗可可风格等许许多多的作品，都引导英格瓦走向更高的艺术境界。

1996年回到斯德哥尔摩不久，她就出任大学副校长。斯德哥尔摩大学是国立大学，校长由教育部任命，副校长则是经过民主选举而产生，任期为4年。瑞典是一个十分尊重妇女地位的国家，既然校长已经是一位男士，那么就需要一个德才兼备的女副校长。英格瓦从几个候选人中脱颖而出，开始了4年行使副校长权力的领导工作。

作为欧洲大学的交流网的执行委员，英格瓦推崇的是欧洲大学间、学科间、学者间、学生间的广泛交流，对话与合作。自然，我们的世界是一个多元文化的世界，这种学科间的交流合作在当今的时

计算机

走进科学的殿堂

代完全是必要的,它会带来学科间新鲜的空气,引导人们的思维向纵深发展。她主张在校内普及计算机的应用,这样可以加强学者们与世界的联系,提高学术水平。

世纪明珠

# 学者生涯

## 开创新篇章的化学权威——柏济力阿斯

柏济力阿斯，瑞典化学家。1779年8月20日生于瑞典的维弗苏达。1796年进乌普萨拉大学学习医学。1807年任斯德哥尔摩大学的医学和植物学教授。1815年任斯德哥尔摩新建外科医学院的化学教授，1818—1832年任斯德哥尔摩科学院秘书，1832年以后主要从事著书工作。1848年8月7日，柏济力阿斯在斯德哥尔摩逝世。

乌普萨拉大学

## 追随林奈的足迹

1779年8月20日,柏济力阿斯诞生在瑞典维弗苏达的一个名叫威非松达的小村庄里。父亲沙穆伊尔是农村小学的校长,不过,他几乎没有在柏济力阿斯的脑海中留下什么印象。因为在柏济力阿斯四岁的时候,他的父亲离开了人间。

母亲带着柏济力阿斯和他的妹妹,生活极其艰难。两年之后,母亲改嫁,继父是一位德国的牧师,他有5个孩子。于是,组成了一个有7个孩子的新家庭!

俗话说"祸不单行"。母亲改嫁两年,就去世了。那时候,柏济力阿斯才8岁!

不幸中之万幸,继父艾克马克对柏济力阿斯还算不错。尽管在柏济力阿斯的母亲死去之后,继父又娶过两次妻子,但是他仍非常疼爱天资聪颖的柏济力阿斯。他并不富裕,孩子又多,却千方百计借钱,让柏济力阿斯上学。

继父常常用手抚摸着柏济力阿斯的后脑勺,说道:"孩子,你有足够的天赋去追随林奈的足迹!"

"林奈?林奈是谁?"

"连林奈都不知道?他是瑞典的骄傲——名震欧洲的瑞典生物学家。"

"一个大科学家!"

"对。你长大了,也要做像林奈那样的大科学家!"

继父的话,拨动了柏济力阿斯幼小的心弦。"要做像林奈那样的大科学家!"理想的种子,在柏济力阿斯心中萌发。

## 北欧的知识巨轮——斯德哥尔摩大学

柏济力阿斯还曾记得，在他10岁的时候，继父带着他到深山中打猎。继父轻轻一扣扳机，"砰"的一声，小小的子弹便击倒了凶猛的野兽。

柏济力阿斯不明白，子弹哪来那么大的力量？就问继父："为什么小小的子弹能把一头肥壮的野兽击倒？"

"那是化学的力量！"继父含糊其词地答复道。

"什么是化学？"

"化学嘛，就是炼金术。"

"什么是炼金术？"

"它能把普通的金属变成黄金！"

"哦，能把普通的金属变成黄金？"柏济力阿斯睁大眼睛。

继父是牧师，懂得一点学问。他跟儿子说起了炼金家们的奇迹："那些炼金家们，有着许许多多的奇特的药品，奇特的仪器，奇特的实验方法。不过，他们的技术是严格保密的。如果谁都知道怎样把普通金属变成黄金，那黄金也就变成普通金属一样不值钱了。正因为这样，炼金家们用一种奇特的文字，记录他们的实验。别人看不懂。……"

"哦，炼金术——化学，是这么神秘的！"柏济力阿斯用迷惘的目光，注视着继父。从此关于化学具有神奇力量的传说就深深烙在柏济力阿斯的脑海中了。

柏济力阿斯14岁的时候，考上了林可平中学。大概是常常随继父

林奈

学者生涯

打猎的缘故，柏济力阿斯很喜欢小动物，在课余热心于采集鸟、昆虫和植物的标本。

可他只念了一年中学时，家里实在拿不出钱供他继续读书。没办法，柏济力阿斯只得休学，去当家庭教师，积蓄了一点钱，第二年又回到中学。这时候，中学里来了一个新的生物学教师。他刚从大西洋的西印度群岛考察归来。他绘声绘色地讲述起传奇般的见闻，使柏济力阿斯更加热爱自然，更加起劲地钻研生物学。

柏济力阿斯

在柏济力阿斯17岁的时候，他兴高采烈地跑回家，把中学毕业文凭交给了继父。继父终于盼到儿子中学毕业，脸上浮现着笑容。然而，当他看到文凭上的评语，笑容顿时消失了。评语写道：柏济力阿斯是个"天赋良好但脾气不好、志向可疑的年轻人"！

唉，这样的年轻人，怎么能够去"追随林奈的足迹"？"志向可疑的年轻人"继父不住地摇头，摇得像货郎鼓似的。既然如此，继父就不再对柏济力阿斯有所奢求，他希望柏济力阿斯能够继承他的事业，也去当牧师。继父说，他的父亲、祖父都是牧师。如果柏济力阿斯也成为牧师，那将是第四代牧师。不过他还是想听听柏济力阿斯自己的意见。

"你想干什么呢？"

"考医学院，当医生！"

北欧的知识巨轮——斯德哥尔摩大学

1796年9月，柏济力阿斯吻别了继父，告别了故乡，来到乌普萨拉城，他考上了乌普萨拉大学医科。不久，他的异父同母的弟弟斯文，也考上了这所大学。两个儿子念大学，这对于收入不多，还要维持全家生计的继父来说，无疑是十分沉重的负担。

乌普萨拉大学

柏济力阿斯很爱他的继父，为了不加重继父的负担，他给继父去信，请继父不必寄钱来。因为他一边上学，一边兼做家庭教师，收入虽然微薄，但是可以维持生活。

柏济力阿斯艰难地在人生的道路上拼搏着。他既当老师，又做学生。他常常把家庭教师的课程准备好，便开始做自己的作业。他还刻苦地学习英语、德语和法语。外语，是通向另一个世界的桥梁。每当他学会了一种外语，能够阅读外国文献，他仿佛添翅加翼，在科学王国中可以更加尽情翱翔。他养成了不倦地工作的习惯。深夜，当他的同学们早已进入梦乡的时候，他仍在苦读，他经常熬红了双眼。他用加倍的努力，赢得了时间；他靠加倍的毅力，超越他的同时代人。1798年，由于柏济力阿斯的勤奋，他获得了大学的奖学金。

在乌普萨拉大学，柏济力阿斯专心致志地学习医学。他的医学成绩不错，物理学成绩在班上也名列前茅。可是，他对那个令人迷惘的"炼金术"——化学，兴趣不大，竟然考试不及格！

化学教授阿弗采里乌斯警告柏济力阿斯："你再这样下去，可不行！要知道，如果医学是一只鸟的话，生物学就是它的躯干，化学和物理学就是它的双翅。不懂化学，你会从空中摔下来的，你永远不可能成为一位优秀的医生。任何药物，都离不了化学！"

柏济力阿斯接受教授的忠告，开始钻研化学。他找来许多化学书籍攻读，可是却越读越糊涂！

这是为什么呢？

原来当时的化学，刚刚从炼金家们的那神秘的文字中解放出来，理论上处于一片混乱之中。

以德国化学家斯塔尔为首的是一个派，主张"燃素学说"。他们认为，物质能够燃烧，那是因为含有"燃素"，而那些不会燃烧的物质，则不含有"燃素"。至于"燃素"是什么样的，他们也说不出个所以然来。但是当时的化学界，"燃素学说"占统治地位。瑞典著名化学家舍勒和白格门、英国著名化学家普利斯特列、德国化学家马格拉夫、法国化学家卢爱勒，都是"燃素学说"的最热烈的拥护者。

反对派以法国化学家拉瓦锡为首。他反对"燃素学说"，认为那个神秘而不可知的"燃素"根本不存在。他主张"氧化学说"，认为物质的燃烧，实际上是可燃物质与空气中的氧气相化合的过程。

两军对垒，各执一说，把化学闹得天翻地覆。

柏济力阿斯很仔细地阅读了德国化学家吉坦尼尔的《反燃素化学基础原理》，他很支持这本书的观点。于是，他成了"反燃素派"中的一员。

当柏济力阿斯20岁的时候，这位"志向可疑的年轻人"的兴趣，从医学转向了化学。他很想参加化学论战，用实验打败"燃素学说"。那时候，学校规定学生每星期只上3次实验课，可是，柏济力阿斯却三天两头往化学实验室里跑。阿弗采里乌斯教授见了，耸了耸肩膀，冷冷地对他说："你知道实验室和厨房的区别吗？"为了避开阿弗采里乌斯教授，柏济力阿斯买通了工友，每当晚上教授不在实验室里的时候，他悄悄从后门溜了进去，做起化学实验来。

柏济力阿斯

长此以往，从实验室窗口射出的灯光，终于引起了阿弗采里乌斯教授的注意。一天，他一声不响从后门踱了进去，在暗处仔细观看柏济力阿斯的一举一动。出乎他的意料之外，这位本来化学考试不及格的学生，却在那里十分内行地做着实验！

不知道怎么回事，阿弗采里乌斯教授觉得喉咙痒痒的，不由得干咳了一声，这下子惊动了柏济力阿斯。他转过身子，发觉教授正站在自己后面，脸上便露出惶恐的神色。他的脑海里闪过这样的念头："这下子坏了，准会被学校开除！"谁知道阿弗采里乌斯教授并没有责怪他，反

### 走进科学的殿堂

而和蔼地说道:"从现在起,你可以从前门进实验室了!我同意你随时进实验室来。"转悲为喜,柏济力阿斯开心地笑了。从此,柏济力阿斯天天从前门走进实验室。在那里,他如痴如醉般地探索着燃烧之谜。以后,柏济力阿斯在阿弗采里乌斯教授的教导下,几乎是在医学系里念化学。

柏济力阿斯在自传中,曾回忆当时他作实验的情景:

"有一次,我忙着制备硝酸,发现放出了一种气体。为了弄清这是什么气体,我把它收集在大玻璃瓶里。我猜想它是氧气,当我把一块刚刚点着的小木条放进这气体里,立刻猛烈燃烧起来,射出耀目的光芒,照亮了黑暗的实验室。这时,我感到了一种从未有过的喜悦。"

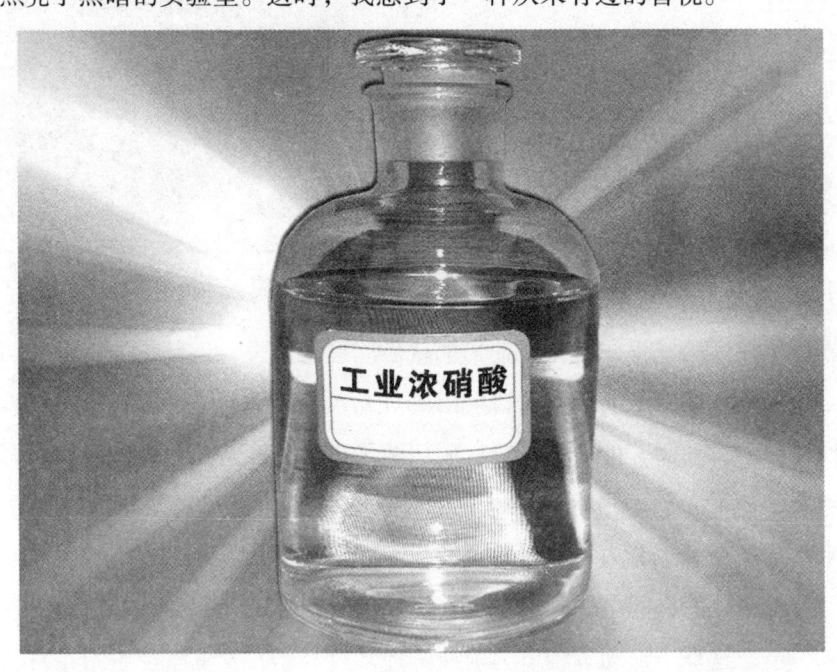

学者生涯

硝 酸

1802年,柏济力阿斯大学毕业,到斯德哥尔摩地区行医。他写道:"医学是一种应用的科学,所以医学的突破不在医学本身;而在其他的理论学科。化学是医学的主要理论学科之一，化学的突破能给医学带来进步的曙光"。柏济力阿斯行医八个月后，转行到一家矿泉水公司当化学分析师。

在许多人看来，柏济力阿斯由医生改行当化验员，是作了一个错误的决定，因为当时离了医学，化学没有独立存在的空间。今天的化学系能在大学成为一个独立的科系，全是柏济力阿斯当年努力的结果。

1803年，柏济力阿斯用伏特电解法，分析出矿泉水中主要的化学成分，这是一个重要的研究成果。没有想到老板却要求柏济力阿斯用这些成分配制成假的矿泉水供他贩卖。柏济力阿斯拒绝配制人工合成的矿泉水，而提出愿意替公司寻找新的矿泉水源。他深入山区，意外

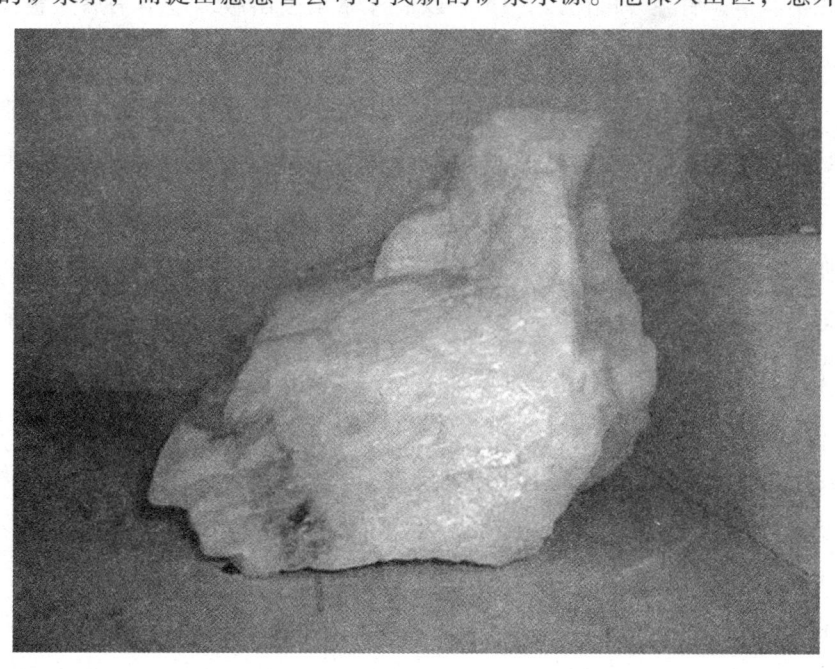

钾长石矿

地在废矿坑里找到一种稀有的，染着淡黄色晕的长石矿。他没有把这颗矿石拿去变卖，竟然用强酸把这稀有的矿石溶解，分析其化学成

走进科学的殿堂

分，发现矿石中隐藏着一种从未为人所知的新元素，他就给这新元素取名为"铈"（Cerium），这个字的原意是"隐藏的一颗小谷粒"。1805年，公司经营不善，单纯的柏济力阿斯竟然答应公司，用他的名义向银行贷款。当他签下借款条不久，公司倒闭，柏济力阿斯欠了一身债，他只好又去行医，以后的十年，他大部分收入都用在还债上了。

1807年，斯德哥尔摩大学的医学系需要一位能教化学的讲师，柏济力阿斯去申请立刻被录取。后来，柏济力阿斯才知道先前他无意中发现的新元素，是一件很重要的学术成就。1808年，他为学生写了一本化学课本，后经一再修改，15年以后才拿出去出版，这本书后来被译成法文、德文、英文，在欧美各大学中被广泛使用。

1808年，柏济力阿斯分析血液，发现血红素含铁，又分析各种食物，发现菠菜中含有大量的铁，因此他建议多吃菠菜可以增进体力，并促进血液的产生。这个研究成果当时被很多人讥笑："菠菜是绿色的，血液是红色的，吃绿色的怎能补红色的？"柏济力阿斯没有争辩什么，他继续研究生理代谢的化学反应。他不知道他已开启了一个重要的学科——"生理化学"。

1818年，柏济力阿斯提出他最有名的研究成果——"原子量"订定。当他研究各种元素的氧化物时，发现各元素有一定的重量、比例去组成各种不同的物质，他以每摩尔的氧原子有十六克重为基础，订出四十五种已知元素的原子量。1826年，他以拉丁文订下各种原子的符号，并且排出原子量表，这是最早的原子量订定与其周期表。

即使柏济力阿斯的化学成就已经名闻国际，但是他在经济上还是非常拮据。他长期居住在一间地下室里，房间已经够小了，还不时有些学生来与他讨论功课，晚上太晚了就借睡在客厅里。

学者生涯

### 北欧的知识巨轮——斯德哥尔摩大学

柏济力阿斯的妻子波比尔，是一位教会牧师的女儿。当新娘子蜜月归来，才发现丈夫的家几乎是座乞丐屋，多个学生睡卧在每个角落，未清的碗盘、衣服高高地堆叠着，这对新人不得不一同动手清理。

这对夫妻后来没有孩子，他们就把学生当孩子养。这些学生中有好多日后成了杰出的化学家，例如第一个合成尿素的维勒、在铁矿中发现新元素锂的阿尔夫维特桑、发现新元素钒的塞夫斯德朗等。

维勒 1800—1882 德国化学家

维 勒

## 决不掠人之美

柏济力阿斯被人们推崇为"19世纪上半叶最伟大的化学家"，这不光因为他学识渊博，学术造诣很深，更重要的是由于他具有高尚的科学道德，这是最难能可贵的！

瑞典青年化学家塞夫斯德朗和阿尔夫维特桑，打心底里感激导师柏济力阿斯。不论是塞夫斯德朗发现钒，还是阿尔夫维特桑发现锂，都是在柏济力阿斯的具体指导下进行的，帮助他们做了许多工作。

1817年，当阿尔夫维特桑在柏济力阿斯身边工作，发现了新元素锂，当时才25岁。连这新元素的名字——Lithium（锂），也还是柏济力阿斯帮他取的呢！阿尔夫维桑正是因为成了锂的发现者，他的名字载入了化学史册。然而，锂是柏济力阿斯手把着手帮他发现的。可是，柏

## 走进科学的殿堂

济力阿斯却不愿分享元素发现者这崇高的荣誉。他推荐了学生的论文，而绝不把自己的名字写进作者的行列！

## 谦逊公正的化学权威

当柏济力阿斯成为化学权威之后，他每年要在他主编的《物理学和化学年鉴》中，对当年世界各国的化学论文进行评价。由于他是化学权威，所以他的每一句评价都举足轻重。

一位化学家曾这样形容道：

"柏济力阿斯的评价，仿佛科学家共和国最高法官作出的判决！这个判决关系重大。年轻的和有经验的研究家们，经常怀着恐惧的心情期待从柏济力阿斯口中说出这个判决。那些得到柏济力阿斯赞同、嘉许的论文作者，又是感到多么骄傲，感到自己得到多么有力的支持！"

当然，有的化学家受到柏济力阿斯的批评，那"自尊心会化为毫不掩饰的仇恨！"这个"科学家共和国最高法官"，不好当哪。

然而，柏济力阿斯并不介意。他在给维勒的一封信中，曾这么说道："当我在为《物理学和化学年鉴》写我的评述文章时，对我来说，既无朋友，也无敌人。"说得多好呀，"既无朋友，也无敌人"。他是一位化学法庭的"铁面包公"。他既鼓励那些有才华的青年人，也无情地抨击那些保守而又昏庸的"专家"。

柏济力阿斯曾尖锐地批评了当时英国著名的化学家戴维，指出他在《化学哲学原理》一书中常常使用"about"（大约）一词。柏济力阿斯以为，化学需要精确，必须杜绝含糊其词的"about"。他说，"正是这个词，使得这位颇负盛名的科学家测定的数据不准确"！

谦逊与成就成正比。柏济力阿斯也是一个十分虚心的人。化学元素

钌的发现过程，非常生动地说明了柏济力阿斯这一优秀品德。

钌是一种稀有的化学元素。在大自然中，它常常混杂在铂矿中，铂也就是平常人们所说的"白金"。事情得从铂说起。

柏济力阿斯曾邀请过俄罗斯的青年化学家盖斯、奥赞、弗利舍、斯特鲁威、史密特等人，先后到他的实验室工作过。为了向柏济力阿斯致谢，俄国的财政部长康克林曾把俄国的半磅铂送给了他，柏济力阿斯

**化学家戴维**

详细地对铂进行了研究。

在 1826 年，那位在柏济力阿斯实验室工作过的奥赞，声称自己在俄国的铂矿中，发现了新元素。奥赞用自己祖国的名字——Ruthenia 来命名它，叫做"钌"。他把论文寄给了柏济力阿斯。

柏济力阿斯重做了实验，证明奥赞的结论是错误的，否定了他的论文。奥赞又重做了实验，承认自己错了。

**铂金钻饰**

过了十几年，另一位俄罗斯化学家克拉乌斯仔细研究了这一问题（克拉乌斯是从1804年开始着手研究这一问题的）。他再次做实验，证明俄罗斯铂矿中确实存在新元素——他仍用奥赞取的名字，称为"钌"。也就是说，克拉乌斯证明奥赞是对的，柏济力阿斯错了！

克拉乌斯生怕出错，曾把制得的钌的样品以及实验步骤寄给柏济力阿斯。柏济力阿斯经过鉴定，答复说，那是一种"不纯的铱"。

要知道，柏济力阿斯一向以实验精确而著称。这位化学权威下的结论，怎么会是错的呢？何况，连奥赞本人都承认自己错了。面对着"科学家共和国最高法官"的"判决"，克拉乌斯并没有气馁。他比奥赞勇敢。他的成功，正是在于在"权威"面前不屈服，敢于坚持真理。

之后，克拉乌斯一次又一次进行实验，每次都把样品与实验结果寄给柏济力阿斯。柏济力阿斯依旧固执己见，不承认克拉乌斯的研究成果。克拉乌斯没有向"权威"投降，他写出了论文《乌拉尔铂矿残渣和金属钌的化学研究》。他是俄罗斯喀山大学化学系教授，1844年，他在《喀山大学科学报告》上，发表了自己的论文。克拉乌斯把发表的论文连同样品，寄给柏济力阿斯。这一次，柏济力阿斯非常细心地进行鉴定，终于确认克拉乌斯发现了新元素。他很后悔，由于自己的过错，使这种新元素的发现推迟了18年。

其实当时的克拉乌斯心情异常矛盾。他曾写过这样一段话："整个化学界都在柏济力阿斯的丰功伟绩面前脱帽致敬，而我对他也永远怀着尊敬而亲切的心情。可是，我提出的事实，与这位伟大的化学家的结论相矛盾。人们会不会说我无礼呢？但是，我相信每一个公道的批评家都会承认我是足够审慎的，都会承认我不会是根据匆忙的研究而去冒犯权威的。相反，当我的实验与这位权威的矛盾越大，我越应当谨慎小心地检查我的实验，正是这种检查使我敢于说出与权威相反的结论。"

## 北欧的知识巨轮——斯德哥尔摩大学

俄罗斯喀山大学

1845年1月24日，柏济力阿斯热情地复信给克拉乌斯：

"请接受我对您的卓越的发现的衷心祝贺！我赞赏您精制而得的新元素钌的样品。由于这些发现，您的名字将不可磨灭地写在化学史上。现时最为流行的作法是：如果谁成功地作出了真正的发现，谁就要作出姿态，好像根本不需要提到在同一问题上前人的研究和启示，以便不致有哪个前人来与他一起分享这发现的荣誉，这是一种恶劣的作风。这样的人所追求的目标，终究竟是落空的。您的作法根本不同，您提到奥赞的功绩，推崇这些功绩，甚至沿用了他提出的命名。这是一种高尚而诚实的行为，您永远在我心目中引起最真诚而深刻的敬意和衷心的同情。我相信，所有善良而正直的朋友也会向您祝贺。"

柏济力阿斯这位"科学家共和国最高法官"作出了公正裁决：承认了自己的错误，赞扬了克拉乌斯的功绩。这正是说明柏济力阿斯的胸怀多么宽广。这也说明了克拉乌斯坚持真理、尊重前人的高尚品德。

走进科学的殿堂

## 统一化学的"语言"

柏济力阿斯在化学上的贡献之一,在于创立了用最简便的方法表示化学元素,一直沿用至今。

也许会使你感到奇怪,英文"化学"一词经考证源于阿拉伯语,原义是"炼金术"!在古代,人们梦想着"点石成金",用各种化学方法进行试验。于是,"化学"便成了"炼金术"。炼金术士们生怕别人知道自己的秘密,就用各种奇特的符号表示化学元素。例如,用太阳表示金,因为金子闪耀着太阳般的光辉;用月亮表示银,因为银子闪耀着月亮般的光辉……至于一些"秘密"符号,就不得而知了。

英国化学家道尔顿改用各种各样的圆圈,表示化学元素。1808年,道尔顿在他的《化学哲学新体系》一书中,采用20种圆圈,分别表示20种化学元素。限于当时盼认识水平,道尔顿把石灰、苛性钾(即氢氧化钾)等,也当作了"化学元素"。这些圆圈,当然比炼金术士们的化学符号要简单一些,可是,在化学论文中画满这样圆圈,仍是一件十分麻烦的事儿。

道尔顿

有一次，柏济力阿斯把论文送到印刷厂去排字，工人们抱怨道："我们没有这些圆圈！你在论文中画上一个圆圈，我们就得专门铸一颗'圆圈'铅字！"而且工人们铸造的"圆圈"有大有小，印在论文中，非常难看。怎么办呢？

柏济力阿斯用手托着下巴沉思着。他想，能不能用普通的英文字母，表示化学元素呢？

终于，柏济力阿斯制订出了一套表示化学元素的办法。他建议用化学元素的拉丁文开头字母，作为这种元素的化学符号。比如：氧的拉丁文为 Oxygenium，化学符号为 O；氮的拉丁文为 Nitrogenium，化学符号为 N；碳的拉丁文为 Carbonium，化学符号为 C；如果有两处或两种以上的化学元素拉丁文开头字母相同，其中一种元素就在开头字母旁另写一个小写字母，这小写字母是该元素的拉丁文名称第二个字母。例如，铜的拉丁文为 Cuprum，开头字母为 C，与碳相同，化学符号便写作"Cu"。

1813 年，柏济力阿斯在《哲学年鉴》杂志上，发表了自己的关于化学元素符号的新的命名法。他的论文，很快受到各国化学家的拥护。因为新的命名法，只消用普通的英文字母，便可清楚地表示各种不同的化学元素，写作方便，排印也很方便。

不过，这一创举却遭到道尔顿的坚决反对。他用惯了那些圆圈，看不惯柏济力阿斯新的命名方法，道尔顿至死仍用他的那些圆圈。

1860 年秋天，在德国卡尔斯卢召开了第一次化学家国际会议。会议一致通过采用柏济力阿斯的化学元素符号命名法——这时，柏济力阿斯已经离开人世 12 年了。

## 走进科学的殿堂

化学元素周期表

从那以后，各国的化学论文、化学教科书，都采用柏济力阿斯化学元素符号命名法，直至今日。自从世界上有了统一而简便的表示化学元素的符号，化学界有了共同的语言，促进了化学的发展。

其实，柏济力阿斯是位精巧的实验化学家，他观察精确，描述清晰严密，系统化的能力强。对化学各分支的知识都有深邃的见解，因此他的实验工作横跨许多领域，并在化学上作出众多的建树。

1806年，柏济力阿斯开始用"有机化学"这个名称，以区别于无机化学。在1812年他提出了"二元论的电化基团学说"，曾经成为当时科学家研究工作的指导思想。1827—1830年，在总结雷酸和氰酸、两种锡酸和两种酒石酸（酒石酸和外消旋酒石酸）等实例的基础上，他指出"同分异构"现象的存在。1836年在他长期编辑《物理化学进展年报》上发表了有关催化剂的重要论文；1841年他又提出了"同素异形"这个概念，用来解释碳、硫、磷能够形成多种单质。他发展了原子理论，发现并制得了纯净的铈、硒、钍、硅、钽和钒等单质。同时，柏济力阿斯长期从事教学工作，为发展化学科学作出了很大的贡献。

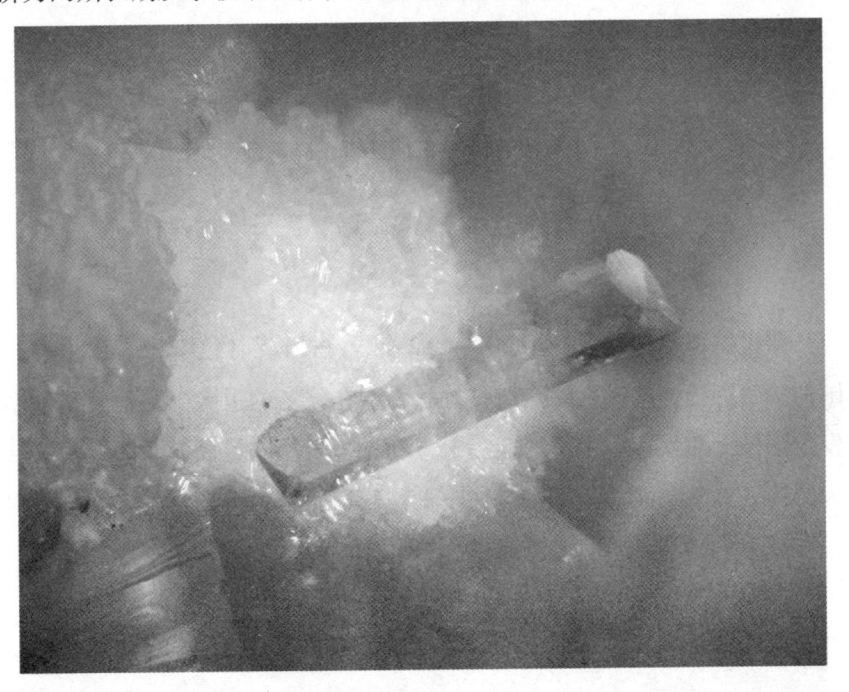

磷铀矿

走进科学的殿堂

# 人工合成尿素的首创者——维勒

学者生涯

弗里德里克·维勒（1800—1882年）德国著名化学家，出生在德国的法兰克福。维勒自幼受过良好教育，在父亲的引导下，他对矿物学发生了极大的兴趣。中学毕业后，维勒先进入马尔堡大学学医，后又转入海德堡大学，并获得了医学博士学位。毕业后的维勒本可以成为一名

海德堡大学

医生，但是由于受到格美林老师的引导与鼓励，他改学化学。不久维勒留学瑞典，在著名化学家柏济力阿斯的指导下学习并进行实验研究。返回德国后，维勒先后在柏林工业学校、卡赛尔学校和格廷根大学任教。

在化学领域，维勒主要致力于无机化学（金属化学）的研究，成功地制得了纯铝（1827年）和纯铍（1828年）。在有机化学领域，维勒和李比希合作也作出了重要贡献：他研究了苯甲酰基等的性能，提出了基因学说；研究氰酸银与雷酸银，发现了同分异构现象。维勒最有名的贡献是在1828年取得了人工合成尿素的成功，首次实现了用无机方法人工合成有机物，从而填补了无机物与有机物之间的鸿沟。

维勒在化学上作出了杰出的贡献，赢得了很高的声誉。柏林、吉森、波恩、斯德哥尔摩、巴黎、彼得堡、伦敦、都林……许多科学院和大学都聘请维勒担任院士或者名誉教授。

当法国化学家德维尔制得了金属铝之后，人们曾用这种当时非常稀罕的"贵金属"铸成奖章，奖章的一面铸着拿破仑第三的肖像，另一面则铸着维勒的名字和"1829"字样——因为维勒在1829年第一个用钾分解无水氯化铝，分离出金属铝。不久，拿破仑聘请维勒担任名誉顾问。

1882年7月31日，是维勒的82岁诞辰。许多知名人士都赶来祝贺。维勒乐观而幽默，

维勒

在寿宴上说道:"诸位庆贺我的生日,未免太性急了点。等我活到90岁,到那时才来祝贺不算晚。"可就在他讲过这话之后不到两个月——1882年9月23日,他就与世长辞了。

维勒临终留下遗嘱,他的墓上不设置铜制或者大理石制的纪念碑,而只放一块石头,刻着他的姓名——不允许刻上他的任何"头衔"!

人们用这样简洁的话,概括了维勒漫长的一生:"他的一生无日不在化学之中度过——不是学化学,就是教化学,或者研究化学!"在维勒逝世之后,人们统计了一下,他发表过化学论文270多篇,获得世界各国给予的荣誉纪念达317种。

在维勒漫长的人生旅途中,有两个人同他结成了最密切的关系:一个是同辈的李比希,另一个是前辈的柏济力阿斯。跟前者的深挚友情以及与后者的师生之情,均对维勒学术生涯乃至生活的许多方面产生了深刻的影响。通过维勒与李比希、柏济力阿斯的相遇和相知,后人可以看到盛开在化学园地里的友谊之花。他们情深谊长,是化学领域诚挚情谊结硕果的光辉典范。

## 沉湎于化学世界

维勒1800年7月31日生于德国莱茵河岸上的埃施耳亥姆,这个地方在法兰克福市附近。维勒的父亲是当地一位有名气的医生,为人性格内向,性情沉着而稳重。他特别喜欢自己的儿子,非常关心他的成长,为了把他培育成才,父亲处处严格要求、细心指导孩子。少年时代的维勒喜欢诗歌、美术,还特别爱好收藏矿物标本。

中学时代,在各门自然科学中,维勒最喜欢化学,尤其对化学实验感兴趣。在他居住的房间的,床下胡乱地堆放着许多木箱,里面盛满了各种各样的岩石、矿石和矿物标本。地上到处可见形形色色的矿物晶体，屋角里摆放着一堆堆的实验仪器，有玻璃瓶、量筒、烧瓶、烧杯，

法兰克福市

有打破的曲颈瓶以及钢质研体等等，他的房间简直成了一间实验室和贮藏室。这引起了父亲的极大不满，医生要求自己的儿子学好每一门功课，不得偏废。为此，父子俩常发生口角。有一次，被激怒了的父亲，竟没收了儿子的《实验化学》一书。维勒对此很伤心，他被迫跑去找父亲的好朋友布赫医生。布赫医生早年也曾对化学发生过极大兴趣，在他那里，一直存放着许多著名学者编著的化学教科书和一些专著，还有不少柏林、伦敦、斯德哥尔摩科学院的期刊杂志。维勒寻求到了布赫医生的支持，他不倦地阅读着这些珍贵的化学资料，还经常同布赫医生讨论一些他们感兴趣的化学问题。在他的头脑里，知识天天地积累起来了。维勒的这种旺盛的求知欲又重新激起了布赫对化学的浓厚兴趣。他们成了志同道合的忘年交，在各方面布赫都给了维勒以宝贵的支持和帮

## 走进科学的殿堂

助。这位医生还很注意启发维勒的思想，经常对他说："如果想要成为科学家，你就应当具备许多知识，要什么都知道……"因此，这段友好交往，对维勒中学阶段的学习起了良好作用，他更加勤奋地钻研各门功课。

1820年，维勒以优异的成绩从中学毕业了。按照全家人的意见，他选择了学医。1820年秋天，20岁的维勒进入了马尔堡的医科大学。他喜欢上大学，在学校里他一心一意地攻读所有的功课。但他只要回到宿舍，就又专心地搞起化学实验来，天天如此，这好像成了他的一种癖好，不做做实验就不能安稳地入睡。晚上，维勒总是埋头于那些烧瓶和烧杯之间，似乎忘记了世上的一切。他的第一项科学研究，正是在那间简陋的大学生宿舍里成功的。他最早研究的是不溶于水的硫氰酸银和硫氰酸汞的性质问题。

马尔堡大学风光

有一次，当他把硫氰酸按溶液与硝酸汞溶液混和时，得到了硫氰酸汞的白色沉淀。经过过滤，他把沉淀物放在一边，让它自然地干燥着、自己就躺下去睡觉。但他脑子里还总想着实验的事，无论如何也不能入睡。于是干脆爬起来，重新点燃蜡烛，接着做实验。他将一部分硫氰酸汞放在瓦片上，让它靠近壁炉里熊熊燃烧的炭火。不一会儿，瓦片被烧热了，上面的白色粉末开始僻啪作响，并逐渐在瓦片上分散开来。维勒高兴极了，他兴致勃勃地注视着所发生的一切现象。响声停止后，他取了一点白色粉末，蘸上点水，用手把它揉搓成一根白色的长条。放在瓦片上干燥片刻，然后给瓦片的一端猛烈加热。于是，重新又听到僻僻啪啪的声音，白色的长条受热后开始剧烈地膨胀着，形成了一个大气泡，那气泡像球一样飞快地向另一端滚去。待反应停止后，剩下了一块不能流动的黄色物质。如此壮观与罕见的分解现象，使维勒感到非常兴奋，他激动得又度过了一个不眠之夜。

经过几个月的深入研究，维勒在自己的第一篇科学论文中，详细地描述了这个现象。由布赫医生推荐，这篇论文发表在《吉尔伯特年鉴》上。该文发表后，立即引起了瑞典化学家柏济力阿斯的重视。他在撰写《年度述评》中，以十分赞许的口吻对维勒的论文给予了肯定的评价。

这一成果增强了这位青年学生的信心，为了继续深造，他决定到海德堡去。维勒要拜著名化学家列奥波德·格美林和生理学家蒂德曼教授为师。1822年秋天，维勒到了海德堡，首先在蒂德曼教授指导下从事实验工作，准备将来当医生。同时，他还可以在格美林的实验室里工作。那里的实验条件较好，所需的物品应有尽有。维勒继续着手研究氰酸及其盐类，同时还得同蒂德曼教授一道工作，头绪繁多的研究项目，使他的全部时间安排得满满的。然而，这个青年人，硬是坚持了下来，取得了丰硕的成果。

## 走进科学的殿堂

*海德堡风光*

维勒在化学方面取得的成果，表现出他卓越的研究才能和在化学上的较深造诣，深得格美林和蒂德曼教授欣赏，他们和他结下了深厚的友情。根据蒂德曼教授的建议，他曾着手研究一个极为重要的生理学课题，即研究动物有机体尿液中排泄出来的各种物质。维勒用狗作实验，也对自己进行实验，他从尿液中分离出了纯净的尿素，这是一种易溶于水的无色晶体。维勒对它进行了全面分析，查明了该物质的一些重要性质。经过实验，他还得知在人们的一日三餐中，哪些食物能够引起尿中尿素含量的增加。这些实验结果，使蒂德曼教授感到十分满意。

1823年9月2日，维勒通过了毕业考试，他获得了外科医学博士学位。但他并没有为此而兴高彩烈，因为这将意味着他就要离开格美林的化学实验室，告别这位良师益友。格美林了解到这位年轻人的心情，于是就推荐他到瑞典著名学者柏济力阿斯那里去学习与工作。

## 师生之情

1823年10月末,维勒经过长途跋涉来到瑞典首都斯德哥尔摩,师从著名化学家柏济力阿斯。当时他心情异常激动,因为自己盼望已久的在名师指导下学习的理想终于变成了现实。第二天,柏济力阿斯就领维勒进入实验室并借给他专用的白金坩埚、天平、砝码及洗瓶等,从此维勒开始了紧张而有序的学习与研究生活。在老师的指导下,维勒学习了矿物分析法,对许多贵金属化合物(主要是钨的化合物)进行了研究;同时继续研究自己从德国带来的氰酸问题。此外,维勒还随老师到瑞典南方和挪威进行学术旅行。能够在柏济力阿斯学术研究活动精力最旺盛的时刻同他一起同行是十分难得的机会,从中维勒了解了当时的化学学术动态,开阔了视野,受到了熏陶。

钨矿石

白天,维勒以勤奋的精神与行动追随老师,晚间还要挤出时间翻译

## 走进科学的殿堂

老师的论文。稍有空闲，他还同老师坐在一起倾心交谈，聚精会神地倾听老师讲过去到法国和英国旅行的情景，以及见到英法化学界学术名人（尤其是法国的盖·吕萨克和英国的戴维）的印象。有时，维勒还能听到老师朗读他与著名化学家之间来往的信件……这一切使他在不知不觉中受到教育和鼓舞，对未来化学事业产生了美好的憧憬和理想。就这样，维勒在柏济力阿斯门下愉快地度过了十几个月的学习与研究生活。

在一个布满浓雾的秋天的早晨，柏济力阿斯和维勒师生俩深情地默默告别。此后，师生之间仅会晤过3次，但他们每月都要往来一次书信，从未间断。维勒总是以对待父母的情谊一直关怀老师，直到老师逝世。不管自己的工作怎样繁忙，他总是年复一年地把老师编写的《物理和化学年报》以及老师的大作《有机化学教科书》译成德文。

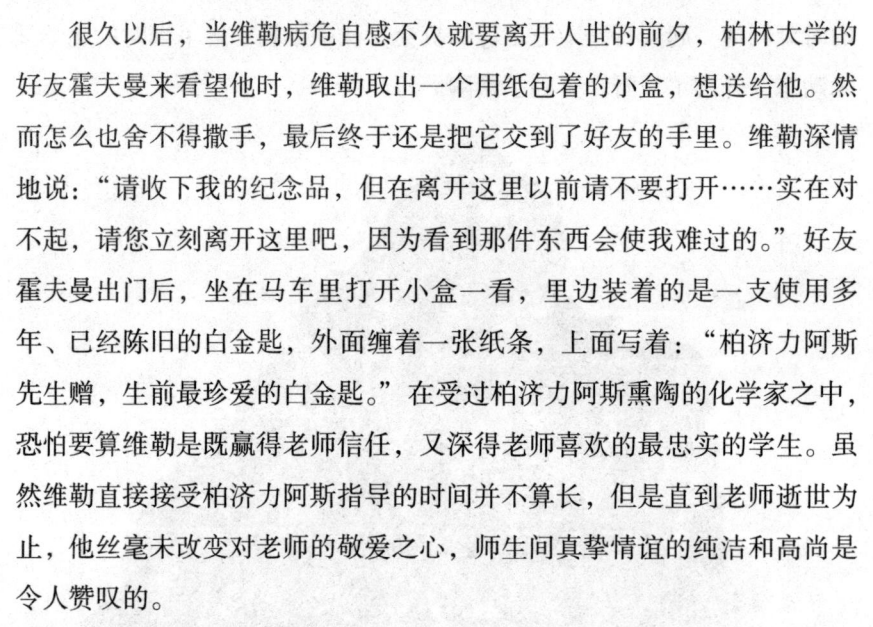

很久以后，当维勒病危自感不久就要离开人世的前夕，柏林大学的好友霍夫曼来看望他时，维勒取出一个用纸包着的小盒，想送给他。然而怎么也舍不得撒手，最后终于还是把它交到了好友的手里。维勒深情地说："请收下我的纪念品，但在离开这里以前请不要打开……实在对不起，请您立刻离开这里吧，因为看到那件东西会使我难过的。"好友霍夫曼出门后，坐在马车里打开小盒一看，里边装着的是一支使用多年、已经陈旧的白金匙，外面缠着一张纸条，上面写着："柏济力阿斯先生赠，生前最珍爱的白金匙。"在受过柏济力阿斯熏陶的化学家之中，恐怕要算维勒是既赢得老师信任，又深得老师喜欢的最忠实的学生。虽然维勒直接接受柏济力阿斯指导的时间并不算长，但是直到老师逝世为止，他丝毫未改变对老师的敬爱之心，师生间真挚情谊的纯洁和高尚是令人赞叹的。

柏林大学

## 深挚友情

  维勒和李比希相识的最初机缘在于研究对象的一致性，尽管当初他们并不认为如此，而是相互怀疑对方的结论。1823年左右，李比希正在巴黎的盖·吕萨克指导下研究雷酸银的组成，而维勒正在斯德哥尔摩的柏济力阿斯指导下研究氰酸银的组成。他们偶然地得出了相同的结果，即氰酸银和雷酸银的化学组成相同。起初他们对这一结果感到不可思议，甚至彼此怀疑。继而他们相互协商分别再进行检验，结果是两人都没有错。这一重要结果导致了一系列具有同样组成而又具有不同性质的物质即所谓的"同分异构体"的发现，它是人们探索分子内部原子排列方式进而建立分子结构概念的先导。从这项偶然获得一致的结果开

## 走进科学的殿堂

始，维勒和李比希就常在同一课题项目上共同开展研究。一般而言，搞同一题目的两人任其发展下去往往最终会因夺取优先权而激烈竞争。然而，维勒和李比希两人的高尚风格却把他们引向了一条密切合作之路。

维勒首先向李比希提出了共同协作的建议："如果我们的研究受到恶魔的作祟，就会容易发生矛盾和冲突，那是谁也不希望的。因此，在开始时我们就应当商量好共同研究的计划，成果可以就用两个人的名义联合发表，您看如何？"李比希立即表示赞同。就这样，在化学史上享有盛誉的研究同盟顺利地建立了。此后，李比希在大量有机化学领域研究中所取得的重要成果，几乎都是与维勒联名发表的。例如，从研究氰酸和氰尿酸开始，直到对苦扁桃油的研究和苯甲酸的研究，以及尿酸族化合物的研究等，都是这种共同协作研究的硕果。

学者生涯

氰尿酸

## 北欧的知识巨轮——斯德哥尔摩大学

令人颇感兴趣是：维勒和李比希两人性格迥异，似乎很难彼此相容、共同一致地去进行研究。例如，在研究某一具体问题时，李比希对于解决问题的线索往往闪现出灵感的火花，并立即以充满幻想的特有思维方式进行大刀阔斧的剖析。当看到问题即将解决时，他的思路早已转移到另一新问题上去了。而维勒则不同，他在着手解决某一问题时，首先是周密地从各个方面进行考虑，思考是否应该处理。若认为可行，就着手制订细致的计划，然后再慎重地逐一展开细致的研究工作。一旦取得成果，还要不厌其烦地反复验证，直到确认没有遗漏和谬误后才公布于世。可见，维勒和李比希两人的性格从形式上看反差极大，但实际上他们这种相互补充的性格使他们能够相互影响，相得益彰。人们曾赞誉他俩"是绝妙的二重奏"。以往有机化学领域中所存在的众多难题，大多被他们一一征服，可以说是配合默契的一对。

在共同研究的40余年中，维勒与李比希之间结下了深情厚谊，他俩不仅十分了解彼此的学识与才能，而且相互间对对方都非常的尊重和敬佩。李比希曾说："从自己工作以来，有维勒这样一位好友，并至今仍保持深厚的友谊确实是最大的幸福。我在化学研究中得到了维勒的不少帮助。他与我不同，他既是一位缜密的观察家，又是一位准备周到的计划家和细致的实验家。我们联名发表

李比希

的论文,不如说都是靠他的力量完成的。彼此间没有丝毫的嫉妒和埋怨,总是共同携手在我们开拓的道路上前进。当一方需要帮助时,对方用不着说就已经为你准备好了一切。"维勒也以几乎相似的口吻赞扬李比希:"我俩具有完全不同的智慧和才能,而这正是最难得的。它可以使彼此的优点相互补充,缺点相互克制,相辅相成。这种情感上的交融和工作上的默契除了我们俩之外恐怕任何人都难以体验到。如果李比希不在的话恐怕自己连一半的工作也难以完成。"

## 与导师的论战

维勒毕生最崇敬他的导师柏济力阿斯。然而,为了追求真理,他与他的导师之间,曾有过一场极为激烈的论战……

那是在1824年,维勒刚刚离开柏济力阿斯,从瑞典返回德国。他又埋头于氰酸的研究之中。

有一次,维勒打算制造氰酸铵。照理,往氰酸中倒入氨水,就可以制得氰酸铵。他在氰酸中倒入氨水之后,用火慢慢加热,想把溶液蒸干,得到氰酸铵结晶体。不过,蒸发过程实在太慢了。维勒利用这段时间忙着把从瑞典带回来的化学文献译成德文。临睡前,维勒看到溶液已经所剩无几,便停止了加热。

清晨,他一觉醒来一看,咦,奇怪,蒸发皿中怎么出现无色针状结晶体。显然,这与他过去曾制得的氰酸铵结晶体不同。照理,在氰酸铵中加入氢氧化钾溶液,加热以后,会放出氨,闻到臭味。可是,这种针状晶体溶解后加入氢氧化钾,不论怎么加热,没有闻到氨的臭味。

奇怪,这是一种什么样的"氰酸铵"呢?

当时,维勒忙于别的事儿,来不及深究,一放便是4年。

1828年，当维勒重新制得这种"氰酸铵"时，没有轻易放过。他经过仔细研究，证明这种针状结晶体并不是氰酸铵，而是尿素！尿素是动物和人的排泄物。在人的尿里，便含有许多尿素。一个成年人每天大约排出30克尿素。维勒制得的尿素，与尿中的尿素一模一样。

维勒马上意识到这一发现的重要性。因为他知道，尿素属于有机化合物。他是用无机物——氰酸和氨制造尿素。这在化学史上是空前的。在此之前，没有任何人曾用人工方法制造有机化合物（虽然在1824年维勒曾用人工方法制成了草酸，草酸也属有机化合物。不过，由于草酸并不是很重要、很典型的有机化合物，没有引起注意，维勒本人也把它轻轻放过了。

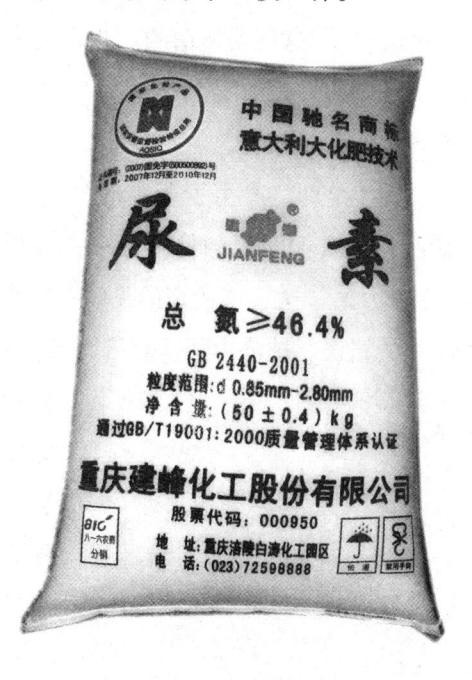

维勒立即想到了导师柏济

尿素

力阿斯。在化学上，柏济力阿斯早在1806年，便首先提出"有机化学"这一概念。维勒兴奋地给柏济力阿斯写信：

"我要告诉您，我可以不借助于人或狗的肾脏而制造尿素。可不可以把尿素的这种人工合成看作用无机物制造有机物的一个先例呢？"

意想不到，柏济力阿斯对维勒的发现，反映非常冷淡。

柏济力阿斯在指出"有机化学"这一概念时，曾再三强调："……在有机物的领域中，元素服从着另外一种规律，那是和无机领域所服从

的规律不同的……有机物是生命过程的产物,所以有机物只能在细胞中受到一种奇妙的'生命力'的作用才能产生。"他把"有机化学"称为"研究在生命力影响下形成的物质的化学"。至于"生命力"是什么东西呢?他的答复是:"神秘的,不可知的,不可捉摸的,抗拒任何理论上的解释。"这便是所谓的"生命力论"。

维勒的发现,显然是对"生命力论"的沉重打击。它证明,不依赖神秘的"生命力",可以用人工方法制成有机化合物。

师生之间,产生了严重的分歧。尽管柏济力阿斯曾经说过这样的话:"习惯于固定的见解,常常会导致错误。"美玉也有瑕疵。由于"生命力论"这一"固定的见解"的影响,导致这位化学权威犯了一个不小的错误。柏济力阿斯复信给维勒时,还挖苦地问道,能不能在实验室里制造出一个小孩来?还有人牵强附会地跟随着这位权威的调子说,尿素本来就是动物和人的排泄物,是不要了的废物,不能算是"真正的有机物",充其量是"介于无机物与有机物之间的东西"!

维勒呢?他很冷静。即使是导师的话,只要不符合科学,他决不偏听偏信,他敢于坚持真理。

实践终于证明,真理在维勒手中:过了13年,人们在1845年,用人工方法制成了重要的有机化合物——醋酸。紧接着,又人工合成了酒石酸(葡萄里含有它)、柠檬酸(存在于柠檬汁与桔子汁里)、琥珀酸(存在于葡萄里)、苹果酸(许多未成熟的水果里含有它)……在1854年,

冰醋酸

人们还用甘油和脂肪酸人工合成了油脂。

"生命力论",终于彻底破产了。

柏济力阿斯依旧坚持他的"生命力论"。不过,他在给维勒的信中,也不得不承认维勒的功勋:"谁在合成尿素的工作中奠下了自己永垂不朽的基石,谁就有希望借此走上登峰造极的道路。的确,博士先生你正向不朽声誉的目标前进。"

而维勒却谦虚地说:"目前,有机化学是令人注目的。对于我来说,它是一片浓密的森林,一片漫无边际的森林,我愿闯进去……"

的确,维勒勇敢地闯了进去,成为这片处女地的第一批开荒者。他不畏艰难、披荆斩棘的首创精神,赢得了崇高的声誉。

尽管师生之间发生如此尖锐的论战,而且维勒是胜利者,然而,维勒始终对导师怀着深深的敬意。正因为这样,亲密的师生之谊,一直存在于柏济力阿斯与维勒之间。

维 勒

维勒也像柏济力阿斯一样,很注意培养青年。他的一生中,有60年的教师生涯,曾培养了几万个学生。

走进科学的殿堂

## 历经磨难的犹太女科学家——梅特纳

莉丝·梅特纳1878年11月7日出生于奥地利的维也纳,犹太人。她父亲是一名律师。当她1901年中学毕业时,就已经下定决心要成为一名科学家。可是没想到当她报考维也纳大学时,竟然引起了场轩然大波,因为在当时女学生上大学还是件从来没听过的事。当维也纳大学的教授们听说竟然有一个女学生冒然前来报名,他们开始几乎不相信自己的耳朵,而当知道确有此事以后,则愤怒地起来反抗这件闻所未闻的事情,似乎一个年轻女孩子一闯入科学的宫殿就会亵渎科学的尊严一般。可是性格极倔强的梅特纳可不屈服于世俗的偏见,她据理力争,最后终

维也纳大学一景

于取得了入学资格。1906年2月，她以优异成绩得到了维也纳大学哲学博士学位，这是维也纳大学历史上第一名女性青年取得这个学位。

1907年夏，梅特纳来到了柏林，在当时世界上最有名气的物理学家普朗克的指导下学习。不久，她就成了普朗克的助手，并与他一起工作了三年。1907年9月底，在一次物理会议上，梅特纳认识了从英国卢瑟福实验室回来一年多的奥托·哈恩博士。那时哈恩已决心放弃有机化学而从事放射性化学，他很需要一位物理学家协助他，恰好这时遇到了梅特纳。他们两人真是一见如故，谈到放射性，更是相见恨晚。哈恩立即决定请梅特纳与他一起工作，梅特纳也十分高兴地答应了哈恩的请求。不幸的是由于她是女性，她又一次受到诘难。当时的德国还没有正式准许妇女在大学里学习和研究，所以当哈恩向化学院负责人费歇尔教授提出他的请求时，费歇尔教授非常为难地回答哈恩："请你原谅，哈恩博士，我们不能接受她。"哈恩奇怪地问："那是为什么呢？"费歇尔教授说："我要严格遵守现有规定，妇女不能进入实验室工作。"哈恩虽然十分生气，但也无可奈何，好在费歇尔教授总算允许他们两人在地下室的一间木工车间里进行实验研究，只是规定梅特纳不能到楼上教室和实验室去。就这样，从1907年10月起，他们开始了日后长达三十年的共同研究。

后来，梅特纳曾回忆过这一段生活，她写道："当我在1907年来到德国的时候，那里的法律虽然允许妇女学习，但是许多讲师和教授不让女孩子们去听讲或到实验室中去。1908年夏末，发布了一项允许女孩子们受高等教育的命令，艾米尔·费歇尔谨遵照办。从1909年起，我不仅能够使用费歇尔研究所的所有房间，而且费歇尔本人还不止一次地帮助我们在科学上成长，并向我表示了他深切的祝愿和友好的关怀。"

在第二次大战之前，梅特纳一直在德国凯撒·威廉化学研究所工作。她与哈恩两人在共同研究中，主要是研究放射性元素以及天然或人造元素的嬗变——即用α粒子、中子等轰击一种元素使其变成另一种不同的元素。他们的合作很有成效，因为哈恩可以主要从化学方面进行探索，而梅特纳则主要从物理方面进行研究。到了20世纪的30年代，梅特纳已经是蜚声世界的科学家了。那时，几乎全世界的科学家对她的工作都十分注意，她的文章、讲演，都被认为是极有分量的，都会无例外地引起人们的高度重视。而且早在1918年，她就被委以重任，成为凯撒·威廉研究所物理部主任，并受命组织一个放射性物理系。

她领导的一个小组在核能研究方面取得了许多成果。但是20世纪30年代末，由于纳粹的迫害，梅特纳的安全就成了一个严重的问题，所以她不得不中断研究，离开德国来到了瑞典。

1938年7月的一天晚上，在一辆由德国开往瑞典的国际列车的卧铺车厢里，一对年届60的"夫妻"心情紧张而又抑郁地相对而坐。前面就是瑞典了，她能够顺利地逃过国境吗？她可是犹太人呀！德国，为世界的文学、艺术、科学作过多少卓越贡献的德国，现在由于纳粹的上台，德国已经疯狂了。她作为一个堂堂的大学教授，20年前曾担任世界闻名的凯撒·威廉研究所物理部主任，而且在第一次世界大战时，自愿作为X射线学家和护士上过前线，为德国效过劳的人，在德国科学界工作过30多年，把德国当做第二祖国的人，一个

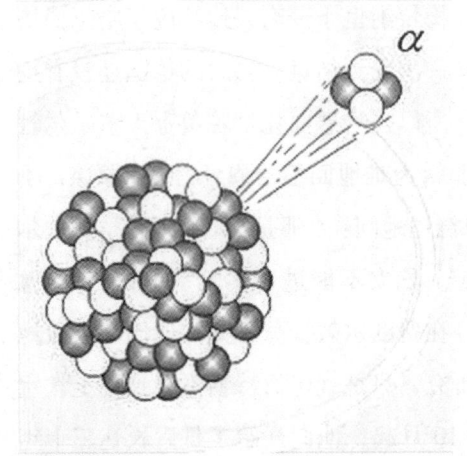

α粒子

北欧的知识巨轮——斯德哥尔摩大学

年届60的老年妇女，现在却不得不离开自己的战友、朋友，偷偷逃离这以前热爱过现在却无比憎恨的德国！"我再也不会回到德国来了！"老年妇女作出痛苦的决定，感情上的创伤，再也无法弥补了。

X射线衍射实验仪器

随着火车的哀鸣，火车进了站。国界线到了，紧张万分的时刻终于来了。一队面目凶狠的纳粹巡逻队嚷叫着冲进车厢。一位老人比较镇定，他把身旁的老妇按床上，顺手拿起一条毛毯盖在她身上，坚定地嘱咐他："千万别做声，闭上眼睛。听见了没有？"话刚说完，巡逻兵就进来了："证件"。声音多么冷酷，似乎车厢里坐的不是人，而是木头。老人把证件给了士兵，士兵见护照上写的是德国人，而且是科学家，就将护照还给了老人，向床上睡的人看了眼，问道："先生，这位是您太太吗？"老人连忙回答："是的，她因为晕车，不舒服就躺下了。"士兵喊了声："海拉尔，希特勒！"就走出了车厢。终于偷越国境成功了！

这两位老人是谁呢？原来他们是德国赫赫有名的两位科学家，女的叫莉丝·梅特纳,男的叫奥托·哈恩。梅特纳因为是犹太人,再留在柏林就随时会招致杀身之祸,只好决定偷偷逃出德国,打算到丹麦哥本哈根的玻尔研究所去。哈恩冒险送走了相处30多年的朋友,然后怀着沉痛的心情转回柏林。

逃离德国之后,梅特纳来到瑞典的斯德哥尔摩大学任职。在瑞典期间,她仍设法与德国的研究小组联系,指导小组的研究。可没想到,就在她离开德国半年后,她原来所在的小组取得了关键性突破。她的合作伙伴、小组负责人哈恩教授因此而获得了1944年的诺贝尔化学奖。但是哈恩领奖时,竟连梅特纳的名字提都不提。因为哈恩害怕人们知道,他曾同一个犹太妇女一起共同工作过30年。

然而爱因斯坦非常赞赏梅特纳的才智和献身精神,常称她为"我们的居里夫人",并认为她的才智与居里夫人相较,有过之而无不及。许多科学家认为,论梅特纳在原子物理方面所作的开拓性研究,完全可以得到诺贝尔奖。许多获奖者的贡献反倒比不上她,但她却没得到,这使许多科学家很为她抱不平。这种看法是有根据的,因为第一个真正认识到原子能够裂变并能释放惊人能量的就是她,而且也是她把"核裂变"这个词引入到核物理学中来。而哈恩教授的获奖得益于梅特纳对核裂变的发现,这件事我们要从哈恩的实验开始说起。

1938年,伊伦·居里和沙维奇从铀的被轰击的产物中发

居里夫人

现了一种新的放射性元素，它的化学性质和镧完全相同（后来证明是周期表中的57号元素镧—141）。伊伦·居里发表了他们的成果论文，但是他们并没有弄清楚镧是从何而来。

可是，偏见使哈恩甚至连人家发表的论文也不屑一读。而他的同事斯特拉斯曼读完这篇论文后，马上意识到居里实验室揭示了核反应的一个新问题，这与过去已知的核反应完全不同。他连忙跑到哈恩面前叫道："你一定要读一读这篇报道！"哈恩仍然漫不经心，不愿阅读。于是，斯特拉斯曼便向哈恩叙述了文章的精华。这个如同惊雷的消息使得哈恩连那根雪茄烟也没有吸完，把还燃着的烟丢在办公桌上就同斯特拉斯曼跑到实验室里去了。

于是，一连几天甚至几星期，哈恩和斯特拉斯曼在实验室里，重复着用中子射击铀原子核的核反应试验。他们经过精密的分析终于也发现，获得的核反应生成物并不是和铀靠近的元素，而是和铀相隔很远，

铀矿石

原子核比铀要轻得多的钡，这是他们过去万万没有想到的。他们对此感到莫名其妙，无法解释。这本来是一个奇迹，可是这些创造了奇迹的人，当时谁也不知道自己已经创造了这个奇迹。

哈恩和斯特拉斯曼对于自己的发现，思想上一直处于矛盾之中。他们是化学家，有熟练的化学分析技巧，因此对于这种核反应所产生的生成物深信不疑。但另一方面，从过去的物理学观点来看，又感到似乎不大可能。用中子射击元素周期表上最后一个元素，怎么会产生元素周期表上中间位置的一种元素呢？距离太远了。能把这个结果在众多的原子核物理学家面前公诸于世吗？会不会因此得到取笑而有损于自己的荣誉呢？于是，他们以很谨慎的措词，作了下列结论："我们的'放射性'同位素具有钡的特性，作为研究化学的人，我们应当肯定，这个物质不是镭，而是钡。毫无疑问，在这里不能假定它除了镭或钡以外，还会是别的什么元素……然而，作为研究核物理的人，我们不能做出这样的论断，因为这样的论断与核物理过去的实验是相矛盾的。"

哈恩和斯特拉斯曼感到这是一个事实，而且是一个很重要的事实，有必要把这个新发现尽快宣布出去。这样客观地报道一下，又不下任何结论，也许会好些。于是在圣诞节的前夕，哈恩采取了紧急措施，打电话给他的朋友——"斯普林格"出版社的经理保罗·罗兹保德博士；请求他在最近一期《自然科学》杂志上留一栏，以便发表一个非常紧急的消息，罗兹保德同意了。于是，这篇注明1938年12月22日的报道文章就被送到了邮局。文章送走以后，哈恩又感到有些犹豫不决，甚至想把文章从邮箱里取回来。经再三考虑之后，于是哈恩就给在斯德哥尔摩大学的奥地利女物理学家梅特纳（犹太人）寄了一份论文。因为梅特纳与哈恩曾共事30多年，他对自己过去的这位助手非常信任，而梅特纳对他的著作一向铁面无私，批评严厉。大约在五个月以前，她因

"第三帝国"的种族法令，不得不逃避希特勒法西斯政权对犹太人的迫害，而迁居到瑞典。

梅特纳在哥德堡附近的海滨公寓接到了哈恩的来信。她当时来到这里，要度过她流亡中的第一个圣诞节。她有一个年轻的侄子叫弗瑞士，是1934年流亡国外的，现在丹麦哥本哈根尼尔斯·玻尔的研究所里工作。这时，弗瑞士正来看望孤独的姑母。梅特纳接到信后很激动。她深知哈恩工作的准确性，很难怀疑他们的化学分析结果。她感到，如果这的确是事实，那么，这个重大的事实就可以推翻到目前为止在核物理方面那些被认为是反驳不了的概念。

*海德堡风光*

梅特纳的思绪万千，难以安静。幸好弗瑞士正在她的身边。但弗瑞士总想避免与姑母讨论科学问题，为的是能让姑母轻松地度过这个节日的假期。当他们在这个有着一种寂静风光的小镇周围滑雪的时候，弗瑞

士扣紧了滑雪板,想很快地跑到姑母跑不到的地方去。可是梅特纳却总是紧跟在他的身边,对这个学术问题唠唠叨叨地讲个没完。姑母的话终于引起了他的注意,激起了他的思考。

一连几天,他们进行了热烈的讨论。最后,他们经过了仔细的考虑以后,接受了玻尔最近设想的原子核"液滴"模型(这是当时物理学家在探讨原子核模型时的许多设想之一)。这就是说,设想原子核像一滴水,当外来的中子闯进这个"液滴"时,"液滴"会发生剧烈的震荡。它开始变成椭圆形,然后变成哑铃形,最后分裂为两半。不过,这个过程的速度快得惊人。

梅特纳和弗瑞士决定将他们两人讨论的结果,合作为一篇论文。当时在哥本哈根,有一位弗瑞士的朋友,他叫阿诺德,是美国生物学家。他了解到梅特纳和弗瑞士正在研讨的新问题以后,很感兴趣。他说,根据你们所形容的,原子核就像一滴液滴,它被中子击中以后,就分裂成为两个原子核,这种情形,多么像我在显微镜下面看到的细胞繁殖时的分裂现象啊!想不到原子核也会分裂,大自然的结构是多么的相似,又是多么微妙啊!

梅特纳和弗瑞士听了阿诺德的一番议论,很受启发,他们正在寻找一个合适的名词来表示原子核被打破而分裂的现象,现在他们认为,就用细胞分裂的"分裂"(在英文中,原子核的"裂变"和细胞"分裂",两个名词都叫 fission。)这个名词,来表示原子分裂,把它称做"核裂变",或"原子分裂"。

梅特纳认为:"由此可以看出,这似乎是可能的,铀原子核在结构上仅具有很小的稳定性,在俘获中子以后,它可以将自身分裂为两个体积大致相等的核。这两个核将相互排斥(因为它们都带有巨大的正电荷),并且能获得总共约为两亿电子伏特的能量。"

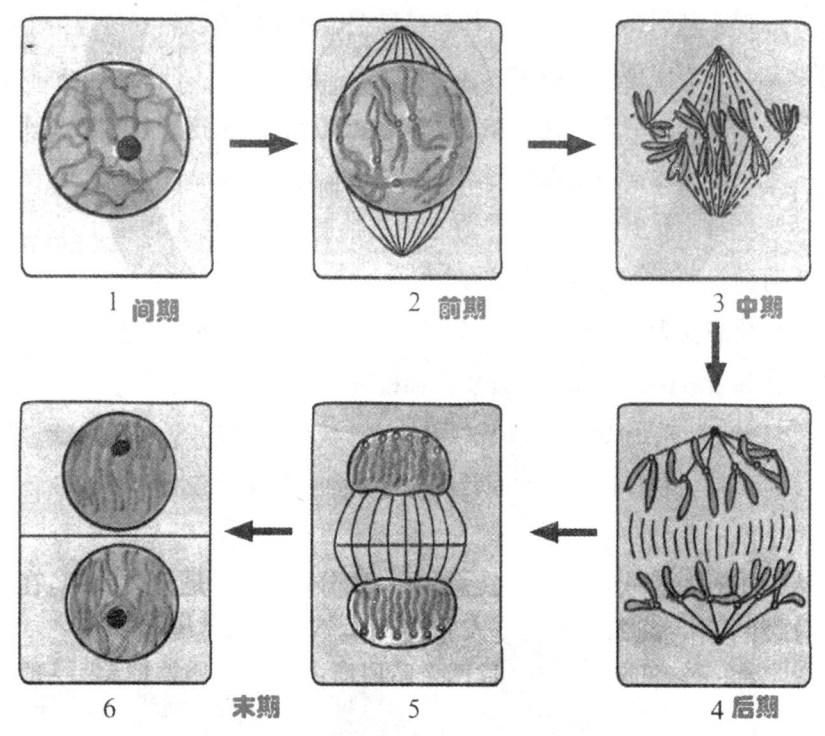

1 间期　　2 前期　　3 中期　　4 后期　　5　　6 末期

**植物细胞的有丝分裂**

梅特纳用数学方法分析了实验结果。她推想钡和其他元素就是由铀原子核的分裂而产生的。但当她把这类元素的原子量相加起来时，发现其和并不等于铀的原子量，而是小于铀的原子量。

对于这种现象，唯一的解释是：在核反应过程中，发生了质量亏损。怎样去解释所发生的亏损现象呢？梅特纳认为，这个质量亏损的数值正相当于反应所放出的能量。于是她又根据爱因斯坦的质能关系式算出了每个铀原子核裂变时会放出的能量。

弗瑞士从瑞典返回哥本哈根以后，把哈恩的研究工作以及自己与姑母的讨论情况，向玻尔谈了。玻尔听完以后，猛敲自己的前额，大声说道："啊！我们为什么这么久都没有发现呢？"

## 走进科学的殿堂

弗瑞士赶回实验室去证实他和姑母在瑞典所作的设想。他也用中子轰击铀,每当中子击中铀核时,他观察到了那异常巨大的能量几乎把测量仪表的指针逼到刻度盘以外。这样他就完全证实了这个新的观点。

后来,弗瑞士与姑母梅特纳通了长途电话,这时她已经从哥德堡回到了斯德哥尔摩,电话中商量好了他们的公报。这份公报终于在1939年2月的《自然》杂志上发表了。

铀核裂变为两个碎片(两个新的原子核)的消息立即传遍了全世界。紧接着各国科学家们都证实:铀核确实是分裂了。

1944年,哈恩因为发现了"重核裂变反应",荣获该年度的诺贝尔化学奖。但是,在这一研究中曾经与其合作并作出过重大贡献的梅特纳

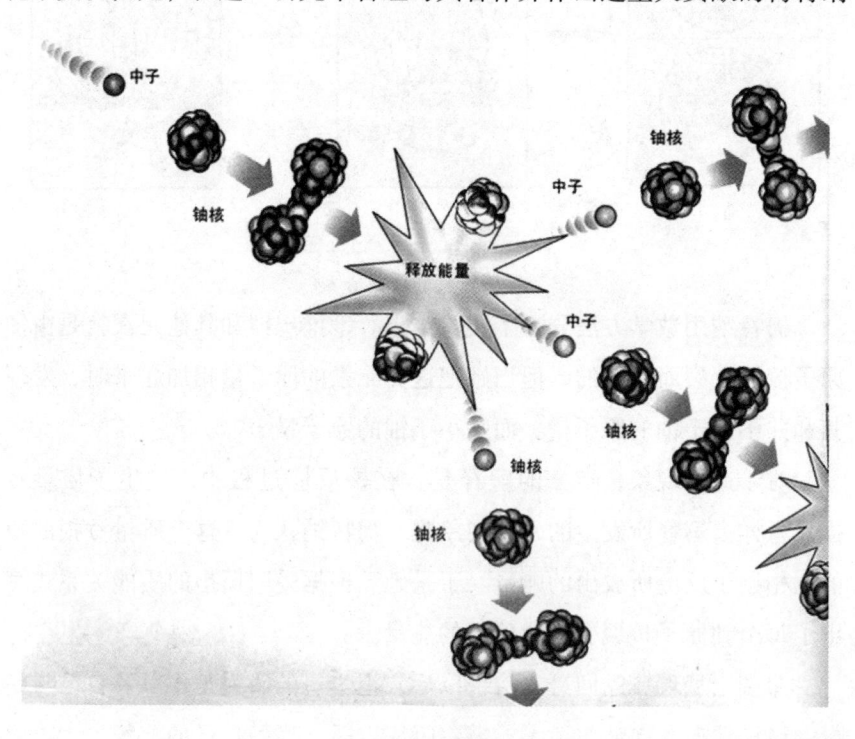

铀原子核的裂变

和斯特拉斯曼却没有获此殊荣，对此，人们不免感到遗憾。特别是对梅特纳而言，是她首先创造性的采用了"原子分裂"这个科学史上从来没有过的名词，难道仅仅因为她是一位女科学家就可以"忽略不计"吗？对此，一直到20世纪的90年代，仍然有人为她和有同样命运的女科学家们感到不平。

1945年10月，梅特纳被瑞典科学院选为外国成员，她是瑞典科学院成立两百年来接受这种崇高荣誉的第三位妇女。1966年，她与哈恩、施特拉斯曼共享了瑞典原子能委员会授予的费米奖。那时的梅特纳已有80高龄，身体很虚弱，不能到维也纳去领奖，是由原子能委员会主席西博格博士亲自到英国剑桥向她授奖的。这对梅特纳博士来说，当是极大的荣誉，也是莫大的欣慰。1968年10月27日，她以九十岁的高寿离

维也纳风光

开了人世。

对梅特纳来说，在她 90 年的生涯中，往昔发生的一切，既有成功，也有失败，但是当她回顾起来，也肯定会有歌德同样的感受。因为她是一个将青春乃至生命全部奉献给科学的人，是应该得到这种至高无上的幸福的。

学者生涯

## 揭开大气运动之迷的气象学家——皮叶克尼斯

皮叶克尼斯，1862年生于挪威克里斯蒂安尼亚（今奥斯陆），1951年4月9日卒于奥斯陆。皮叶克尼斯的父亲名叫卡尔·皮叶克尼斯，母亲名叫考伦。皮叶克尼斯的人生和科学事业受其父亲影响很大。从少年时代起，他就对父亲从事的流体动力学研究发生兴趣，尤其是热衷于从实验上验证他父亲关于理想（无摩擦）流体中脉动和旋转物体间力的产生的发现。皮叶克尼斯的父亲在实验物理方面未曾受过正式训练，在工作中有不少考虑和做法是不切实际的。皮叶克尼斯对父亲的研究能提出自己的见解和评价，并对其理论、思想给予更清楚、更普遍的解释。

皮叶克尼斯

1880年，皮叶克尼斯在克里斯蒂安尼亚大学（今奥斯陆大学）学习。在大学的最后一年，皮叶克尼斯决定终止与父亲的合作，因为当时

## 走进科学的殿堂

卡尔早已过起了与世隔绝的隐士生活,皮叶克尼斯认为如果继续与父亲合作必将导致自己在科学研究上的孤立,他也担心父亲的工作方式会使他远离科学主流。

皮叶克尼斯于1888年取得硕士学位。完成学业后,他获得国家研究员基金去了巴黎。在那里他听了彭加勒的电动力学讲座,在这个讲座上提到了赫兹关于电磁波传播的研究。以后皮叶克尼斯来到波恩,成为赫兹的助手和第一位科学合作者,他在那里工作了两年。在皮叶克尼斯一生的其他年月,他一直是赫兹家的一位密友,曾帮助赫兹的遗孀和女儿逃离纳粹迫害,并在英国寻求避难,他与赫兹的科学合作发表了一些有关振荡回路中共振的重要论文。由皮叶克尼斯发现的共振的理论和实验曲线以及彭加勒的工作对于了解和最后证明赫兹的一系列革命性实验具有十分重要的意义。

皮叶克尼斯回到挪威之后继续其学业,并于1892年取得博士学位。他的博士论文是有关赫兹电磁运动的。1893年在斯德哥尔摩工程学校担任应用数学讲师,两年后成为斯德哥尔摩大学应用力学和数学物理学教授。在此期间,皮叶克尼斯始终对电动力学问题保持浓厚的兴趣,继续研究他父亲的流体动力学中力的理论,成功地以更简单的形式解释了这些

赫兹

力。他把这些研究成果写成两卷本专著《C. A. 皮叶克尼斯理论的流

体动力学远距力讲义》（1900—1902年）。后来他还经常研究力场问题，并在1906年和1909年出版的两本书中以简洁的方法讨论了力场问题。

在研究流体力学的时期，皮叶克尼斯推广了开尔文和亥姆霍兹关于环流速度和圆涡旋守恒的问题。以后他把它应用到大气和海洋运动中。在这方面，应该提到1896年塞贝尔斯泰因的工作。塞贝尔斯泰因发展了皮叶克尼斯两个环流定理之一，但并未理解其深远意义。引起天气变化的大气运动是由太阳的热量辐射产生的，因而大气是作为一种热力学的热机工作的，它不断地把热能转换为机械能。由大气运动而产生的摩擦也放出热量。因而描述大气运动必须从物理流体动力学的角度出发，综合考虑经典流体动力学和热力学。

皮叶克尼斯设想了一个雄心勃勃的计划作为他研究的最终目标，即希望借助于流体动力学和热力学理论来计算大气的未来状况。1905年在访问美国期间，他从卡内基基金会得到年薪支持，完成此领域研究，这项资助一直继续到1941年。

皮叶克尼斯在任斯德哥尔摩大学教授时期，曾与不同的科学家合作，其中特别重要的是他与桑斯特朗姆的合作。他们于1910年合写了动力气象和水文学第一卷。第二卷论述运动学，是1911年他与海森尔贝尔格和德维克合写的。第三卷讨论动力学，由他的合作者完成（他在1951年活着看到了这本书的出版）。1933年，他还与他的儿子杰克·皮叶克尼斯以及儿子的朋友索尔贝尔格等合写了《物理流体动力学及其在动力气象中的应用》一书。

1907年皮叶克尼斯离开斯德哥尔摩大学回国后，成为克里斯蒂安尼亚大学应用力学和数学物理学教授。他与桑斯特朗姆、海森尔贝尔格、德维克和斯维尔德鲁普合作发展了动力气象学。1912年他接受了德国莱比锡大学为他提供地球物理教授和新组成的地球物理研究所所长

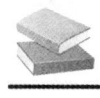

走进科学的殿堂

的职位，海森尔贝尔格和斯维尔德鲁普随他一起来到莱比锡大学。几年之后，他的儿子和索尔贝尔格也参加了研究所的工作。

莱比锡大学

1917年，皮叶克尼斯接受了挪威卑尔根大学的邀请，去卑尔根大学工作，被聘为教授。同时，卑尔根大学并请他筹建一个地球物理研究所。他到卑尔根工作的时候已经55岁，在那里他一直工作到1926年。在卑尔根的那些年也许是他一生最有成效的时期，他的合作者又是他儿子和索尔贝尔格，后来有罗斯兰、贝吉隆、毕奥克达尔、罗斯贝和帕尔门，在实施广泛的气象服务和理论气象的工作中他依然起着积极作用。在那个时期，他出版了至今仍视为经典的著作《论圆形涡旋动力学及其在大气与大气涡旋和波动中的应用》（1921年）。这本书对他研究的最重要的基本思想作了清楚的阐述，是他写得最好的书之一。

1926年皮叶克尼斯被他的母校奥斯陆大学任命为应用力学和数学

物理教授。以后他与索尔贝尔格、洪波、哥德斯克和荷兰（人名）继续在动力气象方面进行合作研究。他也曾教授理论物理学课程，但仅限于经典物理学范围。1929 年他出版了一本有关向量分析和运动学的书，这是他的理论物理学教科书的第一部分。计划的下一卷打算包括他父亲的"磁流体动力"理论，但未能如愿完成。1932 年皮叶克尼斯退休，同年获得英国皇家气象学会西蒙斯奖，退休后他仍积极参加国际气象学术活动。1939 年，皮叶克尼斯移居美国。1940 年成为加利福尼亚大学的气象学教授。二战后，他主要从事大气环流研究，是把空前技术用于气象研究的创始人之一。1951 年 4 月 9 日，皮叶克尼斯在奥斯陆去世，享年 89 岁。

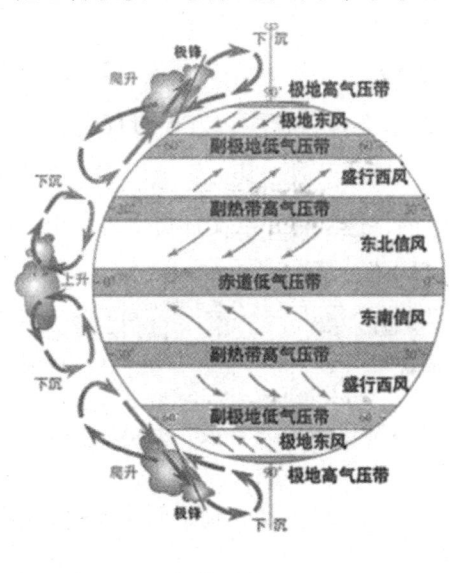

大气环流

## 科学贡献

皮叶克尼斯对科学的贡献是多方面的，包括电动力学、流体动力学和气象学等，以对流体动力学和气象学的贡献最为突出。

### 环流定理

皮叶克尼斯对流体动力学的最大贡献是发展和推广了环流定理，以此解释了流体（尤其是大气）中涡旋的形成。他和塞贝尔斯泰因分别

于 1898 年和 1896 年得到了下列环流方程：

$$\frac{dl'_a}{dt} = \oint_L \frac{1}{\rho} dp$$

式中 $\Gamma_a = \oint_L v \cdot dr$ 是绝对环流，$t$ 是时间，$L$ 是一闭合回路，$p$ 是压力，$\rho$ 是流体密度，方程的右边项称为力管项。对于正压流体，密度仅是气压的函数，其力管项为零。因此正压流体中随运动的绝对环流是守恒的，这又称开尔文环流定理。上面的方程可进一步化为皮叶克尼斯环流定理：

$$\frac{d\Gamma_a}{dt} = N' - N''$$

式中 $N'$ 代表正力管数，有 $N' = -\oint_{L'} \frac{1}{\rho} dp$；$N''$ 表负力管数，有 $N'' = -\oint_{L''} \frac{1}{\rho} dp$，$L'$ 和 $L''$ 分别是回路 $L$ 内只包围正力管和负力管的回路。

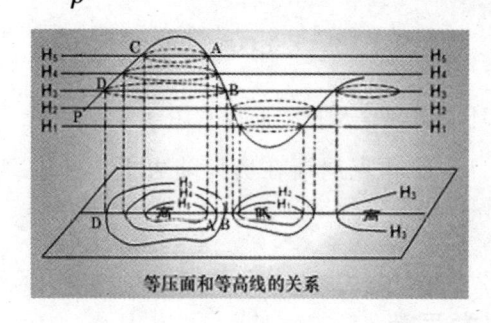

皮叶克尼斯环流定理表明，沿任一流体回路 $L$ 的速度环流对时间的导数等于回路 $L$ 的截面上正负力管（单位压容管）数之差。也可以表述如下：通过任一面 $S$ 的涡通量向量对时间的导数等于穿过 $S$ 面的正负单位压容管数之差，因而等压面和等容面的相交是涡旋产生的原因。如果初始时刻流体是静止的，但等压面和等容面相交，则根据皮叶克尼斯定理涡旋将形成。

皮叶克尼斯环流定理可进一步推广应用于自转地球上的大气。这时可得到下列气象中的环流定理（这也是皮叶克尼斯对动力气象的主要贡献之一）：

等压面和等高线的关系

大气等压面

$$\frac{d\Gamma_r}{dt} = \oint_L \frac{dp}{\rho} - 2\Omega \frac{dF}{dt}$$

这个方程有时也称皮叶克尼斯定理，式中 $\Gamma_r$ 是相对环流，$F$ 是回路 $L$ 所包围的面积在赤道平面上的投影，$\Omega$ 是地球自转角速度。这个方程说明，在科里奥利力作用下（方程右边第二项），如果环线 $L$ 所包围的面积在赤道平面上的投影 $F$ 随时间减小 $\frac{dF}{dt}<0$，则气旋式环流将随时间增强（不论在南半球或北半球）；反之，当环线 $L$ 所包围的面积在赤道平面上的投影 $F$ 随时间增大 $\frac{dF}{dt}>0$ 时，则气旋式环流随时间减弱（不论在北半球或南半球）。皮叶克尼斯环流定理在气象学中有广泛的应用，它是动力气象学的一个重要部分。它可以解释海陆风环流、信风和季风环流、山谷风环流等，它也是以后提出的关于大气扰动假设的理论背景。

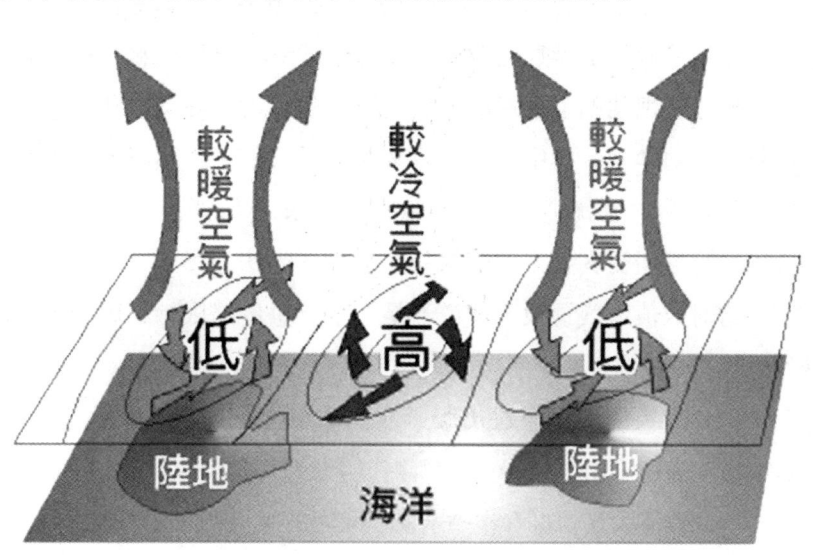

夏季季风环流

### 数值天气预报

皮叶克尼斯的另一个重要贡献是提出了数值天气预报的基本原理。他指出，如果大气的起始状况完全已知，那么利用流体动力学和热力学的基本定律有可能作出未来天气状态的预报。在1858年前后已经形成了一套描述绝热运动的非粘性流体的方程组。但是直到1904年以后，才由皮叶克尼斯提出用这套方程进行数值天气预报的可能性。他第一个明确认识到，大气的未来状态从原则上完全由它的详细的初始状态、已知边条件以及牛顿运动方程、玻义耳—查理—道尔顿状态方程、质量连续方程和热力学方程决定。为了进一步完成上述这个目标，他制定了一个庞大的，但是合理的包括观测、气象资料的图分析和支配方程的图解法的综合计划。他促使挪威人支持和扩展了地面观测站网，建立了著名的卑尔根天气动力气象学派，引入了著名的气旋形成的极锋理论。

皮叶克尼斯除了为数值天气预报提出了清晰的目标和合理的解决途径之外，还把他的思想逐渐影响到的卑尔根大学和奥斯陆大学的学生以及学生的学生。其中有三人后来为美国数值天气预报的发展写下了重要的篇章，这就是罗斯贝、依里阿森和费约托夫特。但遗憾的是，皮叶克尼斯受其父亲偏爱微分几何和图解法的影响，竭力倡导图解法。这对数值天气预报不能说不是一个严重的局限性，因为图解法操作只能以手工完成。

1922年，英国的里查逊出版了《用数值方法作天气预报》一书，在这本书中描述了用今天的气象观测作明天天气预报的理论方法。与皮叶克尼斯把数值天气预报看作一个物理问题的观点不同，里查逊基本上把它看作一个数学问题。虽然两者都认识到必须用近似方法求解高度非线性的方程组，但皮叶克尼斯热衷于图解法，而里查逊则赞成用离散变量法，尤其是有限差分法。里查逊的方法成为后来数值天气预报的基本

计算方法。有大量的证据表明，里查逊的思想是受到了皮叶克尼斯观点的影响或至少是同意皮叶克尼斯的观点。里查逊的梦想已经成为现实，现在用数值预报方法不但可以预报明天的天气，而且可以预报未来十天的全球天气。

对天气学发展有决定性贡献的是挪威学派引入了气团和锋面概念，以及气旋发展的极锋理论，而皮叶克尼斯为极锋理论的提出奠定了理论基础和分析方法。这个理论指出，温带气旋形成于一条锋面上，在这里相邻两气团之间绝大部分温度对比集中成一条狭窄的过渡层，这个过渡层实质上相当于一条温度或密度的不连续区。1911年，皮叶克尼斯提出了挪威学派的分析原理。根据这个原理，挪威学派的气象学家分析了大量天气实例，这包括分析地面流线、等风速线及其随时间的变率等等，他们从天气学的一些例子中比较明显地看出成熟气旋的锋面结构。与此同时，皮叶克尼斯进一步发展了大气环流理论和流体动力学概念，

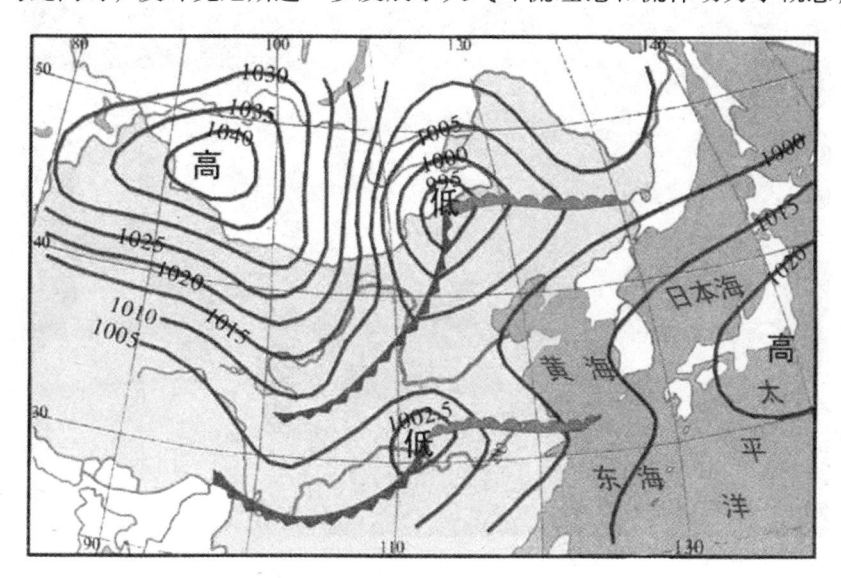

锋面气旋图

为极锋理论的提出准备了理论背景。1919 年，皮叶克尼斯的儿子杰克·皮叶克尼斯以及索尔贝尔格在上两个条件的基础上最终提出了锋面气旋发展的极锋理论。这个理论不但有显著的科学价值，而且有很高的应用意义，它是短期天气预报（1—3 天）的理论依据。

皮叶克尼斯对大气环流理论的发展也有一定的贡献，他支持德范特关于不对称性是大气环流基本特征的思想，并解释了这种不对称性的起源。另外，他从能量要求上研究了高空急流波型的移动特征。

皮叶克尼斯一生的科学活动中与国内外科学家进行了广泛的合作。对有才能的人予以热情鼓励，使大家在合作的基础上各自发展，做出成绩。正因为如此，以他为带头人的挪威气象科学家在 20 泄纪初期为现代气象学的形成和发展做出了奠基性的贡献，挪威也成为当时气象学研究的国际中心。

挪威风光

北欧的知识巨轮——斯德哥尔摩大学

## 世界生态哲学泰斗——奥耐·聂斯

挪威人奥耐·聂斯教授是当今世界哲学界的泰斗，他的生态智慧的学说在当今世界上享有极高的声誉。因为他对欧洲文化的杰出的贡献，1977年，聂斯获得了欧洲学术荣誉的最高奖——索宁根奖。1996年在斯德哥尔摩又获得了北欧杰出文化学术奖。聂斯写过将近三十本书，以专门的哲学的题目，在生态哲学方面写下了几百篇的文章，他一生致力于思考及写作，最有名的哲学思想是生态智慧T。这个理论是引导我们走出这个充满了生态危机的时代的航标，为由生态灾难引出的困境，导出了一个航向。因为，对于聂斯来说，哲学一直不仅仅是一种爱智慧，而是对智慧之爱于行动。故没有这种基本的智慧而来的行动，哲学将是无用的。他的名言是：（生活）方式简单，最终富有。

奥耐·聂斯是在奥斯陆的一个富裕的家庭里长大的。他

生态灾难

## 走进科学的殿堂

曾经学过一段经济学,后来去了巴黎的学校,也在奥地利同维也纳派的哲学家一起学习。24岁时,他在两个工人的帮助下,盖起了那座后来在世界学术界享有盛名的小木屋。27岁时聂斯被任命为奥斯陆大学的哲学教授,是当时挪威最年轻的教授。但是为了专注于他的学术研究,1969年,聂斯从他的哲学教授位置上辞职。此后,他一直把这个小木屋看作他的家和栖身地。正是在这个小木屋里,聂斯教授开创了他的最重要的生态智慧T的理论。

奥耐·聂斯对生态智慧的研究开始于1968年。部分是由于他的学生的推动,那时他的兴趣转向了生态的哲学。这项研究,结合哲学的人类学、格式塔心理学概念和本体论,以及他对于斯宾诺莎和岗地的最初的研究,聂斯建立起一个独一的生态智慧T。T就是代表了特维加斯坦(Tvergastein)。简单地说,生态智慧T要求我们的是去实现"大我实现",把人类和在地球上的所有的生命看作是一个整体,而人类只是其中的一个部分。这个生命的全体包括了山、海洋、河流、自然景观,甚至北极圈、南极圈。从他的"大我实现"导出来的是这些准则是:所有生命的"大我实现"、"不开拓"、"没有阶层的社会"、"最大的复合"、"最大的多样/多元化"以及"最大的共生"。他的"大我实现"的概念是全体的生命是有着内在的联系的,世上万物都是紧密地联系在一起的。人类真正成熟的心理的发展应该是和所有生命的合作,和谐相处,在一个"大我"中实现所有生命的最大的潜在的生命的价值。聂斯提出的是:"人类只有栖息在土地上的,用自然资源去满足维持生命的需要的权利。而假如他们的非维持生命的需要与非人类的维持生命的需要发生冲突时,那么人类应遵从后者。"

聂斯的文章《大我实现:对生存于世的一个生态的探讨》开拓了自我的概念,发展了他的"广阔的认同理论",并且讨论了他的独特的人类的自我实现的概念,这篇文章是他的最广泛的对于生态哲学的贡献。

## 北欧的知识巨轮——斯德哥尔摩大学

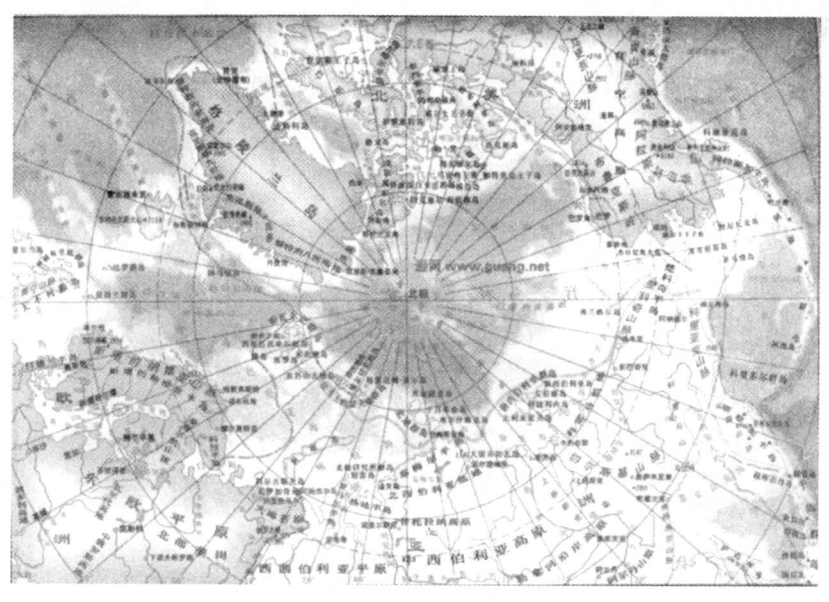

北极圈地图

聂斯的夫人徐洁晖是在香港长大的，而他整整比她大 39 岁。但是，两颗心在香江江畔相撞了，洁晖愿意跟着哲学大师去思索，相伴他在漫漫的人生道路上。两个月后，他们就携手共同回到了挪威，回到了那座在世界哲学界里出了名的在奥斯陆和贝尔根中间的一座高山上，靠近北极圈的特维加斯坦的那座小木屋里。

## 一段难忘的往事

当我 15 岁时，我完全执着于我的要求，那是一个人在 6 月初，去挪威最高的一座山——约丹海曼。在山脚下，我被深深的污雪给挡住了，我找不到任何地方可以睡觉。终于，我偶然遇见一个很大年纪的老人，他正在设法把周围的雪铲去，因为积雪部分覆盖了一幢关闭的属于当地的一个登山与旅游协会的小屋。我们在附近的小茅屋里一起住了一周。

## 走进科学的殿堂

我所能回想的是,我们只吃过一道菜,燕麦粥与干面包。那粥是从上一年的秋天被储藏在雪地里的——那是这位老人说的,粥是冷吃的。哪怕在我的盘子里只留下一丁点的残余,他也要刮干净而吃了。到了晚上,他喜欢说这座山里的小事,驯鹿啦,打猎以及在这海拔最高的山区里的其他的一些职业。许多的时候,他喜欢拉小提琴,用脚来打拍,是当地文化的一个部分,所以他是不会愿意放弃,让我随着他打的拍子与他同乐。但多难啊!看来,这位老人的旋律比起我听到过的所有的旋律都更加复杂。一个星期的努力,使我筑起了一种深信,深信于在大山与山民之间的一种内在的联系。无疑的伟大、净化的、立于基本的、自给自足的,而之所以对豪华的漠视,对所有种类的复杂的工具的漠视。从山外

驯 鹿

的生活方式看来,他们是斯巴达式的,是粗糙的。而拉小提琴,在树木线上的所有的事物,明显地看来是天真的,生生死死都视为一种富有。古朴地依于生命,一种其中的深深的欢乐是以扩大视野与思想去体验的。

北欧的知识巨轮——斯德哥尔摩大学

# 国际交流的奉献者——奥格

奥格·纳格留斯是斯德哥尔摩大学国际关系部主任，高高的个子，和蔼可亲。奥格到国际关系部之前是 Manne Siegbahn 物理研究所管理委员会主任。在奥格办公室里展示着世界各国灿烂的文化，有东方的绘画和西方的艺术品等。来自不同国家访问的客人，给他带来的一件件礼物，就是一幅东西方文化交融的图画。

国际关系部当然是斯德哥尔摩大学一个重要的管理机构，斯德哥尔摩大学和世界许多大学、研究机构以及学者、教授有着广泛的联系，也有交流项目。国际关系部曾经在 1998 年 5 月接待过意大利总统 Oscar Luigi Scalfaro。总统来到瑞典进行国事访问时，饶有兴趣地访问了世界名校斯德哥尔摩大学，看望了在斯德哥尔摩大学学习的瑞典学生和来自世界各地的学生。在国际关系部的安排下，斯德哥尔摩大学校长林登高那和法语以及意大利语系的教授 Jane Nystedt 热情

学者生涯

意大利

地接待了总统，安排总统和学生见面，并发表演说。

斯德哥尔摩大学是欧洲国际教育协会的成员（简称EAIE），1998年11月迎来了EAIE十岁生日。为庆祝这个日子，第十届年会决定在斯德哥尔摩大学召开。这是一次真正的盛会，参加会议的代表有1800位国际教育专家和教授，来自世界各地的66个国家。大会的组织工作是巨大的。作为大会东道主的斯德哥尔摩大学，奥格担任了大会筹委会的主席。他很有魄力，也富有凝聚力，他把一个大会的组织工作安排得井井有条。

在奥格与政府部门的协调下，大会开幕式和盛大的晚宴是在金碧辉煌的斯德哥尔摩市政厅举行的，那是瑞典最豪华的建筑。那个夜晚，66个国家的1800名代表在金厅里载歌载舞，欢庆EAIE的10岁生日，为世界文化的交流和未来的合作而举杯。难忘今宵，今宵难忘。望着欢乐的人们，奥格很激动，为此付出大量心血而筹备的大会，将推动未来国际教育间的大携手、大合作。

奥格也是一个学者。他利用业余时间读完了硕士课程，取得了学位。他所感兴趣的是对历史的研究，其中一个课题是善于莫斯科的审判和瑞典共产党的。1939年的莫斯科审判，是现代政治历史上重要的一页，瑞典共产党领导人确实支持了莫斯科审判，确实知道当时的俄罗斯发生了什么，但他们不太确切地知道俄罗斯共产党内部的情况，不太知道集中营的情况，他们支持了莫斯科审判。他们认为起诉是正确的，瑞典共产党不可能逆潮流，但历史已经大大地被改写。今天，就有必要弄清历史原来的面目，所以奥格继续查找文献，收集资料，以便完成新的论文。

对于中国，奥格也是一住情深，他向往去中国的梦想后来终于实现了。为了纪念瑞中建交50周年，斯德哥尔摩大学派出了一个50人的大型代表团去中国的北京、上海和广州访问。当他骑着自行车在北京的大街小巷逛时，他的感觉好极了。登北京的长城，看西安的兵马俑，游上海的外滩，他感受极深。

兵马俑

1999年的金秋，北欧代表团参观了宏伟壮观的上海图书馆——世界第七大图书馆，高度的现代化管理，先进的高科技设施，设备齐全的多功能厅……这一切都给奥格留下了难忘的印象。在上图贵宾室里，他们受到上图领导热情的接待，宾主双方就共同感兴趣的合作项目进行了广泛的探讨。

奥格的妻子安尼达，是一位画家。在中国访问的日子里，她以艺术家敏锐的触角，深入中国文化广博精深之中，为中国的艺术所倾倒。

走进科学的殿堂

# 身残志坚的教育家——西奥雷尔

雨果·西奥雷尔（1903—1982年），瑞典著名生物化学家。1903年7月6日生于瑞典的林彻市。1921—1930年，西奥雷尔就读于斯德哥尔摩大学医学院，1924年毕业，1930年获医学博士学位。同年他成为乌普萨拉大学的化学助理教授，1932年被提升为该校的医学和生理化学副教授。1955年，西奥雷尔获诺贝尔生理学及医学奖，1982年逝世。

乌普萨拉大学雕塑

学者生涯

## 父亲那把神秘的手术刀

西奥雷尔出生在瑞典林彻市，他父亲是个外科医生，父亲勇敢大胆的性格和严谨细致的作风深深地熏陶了幼小的儿子。他父亲教育子女有一套非常好的方法，他事事做典范，时时用自己的行为影响着儿子，积极教育儿子。西奥雷尔刚刚懂点事，父亲就开始了多方面的培养。在父亲的指导下，小西奥雷尔从小

## 北欧的知识巨轮——斯德哥尔摩大学

兴趣广泛，好奇心强烈，胆大心细。有时他和小伙伴们在一起玩耍，看到了可怕的小虫子，别的小伙伴都非常害怕，吓得不敢动，而小西奥雷尔却敢一把将虫子抓住，并拿起小刀进行解剖。他要弄明白那些小虫子究竟有什么可怕之处，它们肚子里有什么东西，它们之间又有什么不同。他的这种求知欲望和探索精神大受父亲的赞赏、鼓励和支持。这使小西奥雷尔更加勇敢，更加富有想像力，大大地锻炼了他动脑动手的能力，培养了他追求知识的精神。

小西奥雷尔从小就对父亲那把神秘的小小的手术刀产生了浓厚的兴趣，他很奇怪，父亲那把小刀子怎么有那么大的神通，能使病人解开绷带，走下病床，恢复健康。他对那一切都充满神往，总想自己也动手试一试。

有一次，小西奥雷尔养了一只可爱小猫，不料没有过几天就死了，小西奥雷尔十分伤心，但他对这件事感到很奇怪，小猫怎么会死呢？是不是没有吃东西饿死的呢？还是别的原因？于是他找来一把小刀和一块小板，开始像模像样地对猫进行解剖……

西奥雷尔人小志气大，为了实现自己的凌云壮志，他在小学和中学都十分奋发地学习，成绩非常优秀，为他以后的事业打下了扎实的基础，也帮助了他成为诺贝尔奖获得者。

西奥雷尔

学者生涯

## 走进科学的殿堂

1921年,18岁的西奥雷尔以优异的成绩考入斯德哥尔摩大学,投入了更加紧张刻苦的学习,他的聪明和才智也表现得一览无余。

## 身残志坚　凌云壮志

1930年,在雨果·西奥雷尔27岁时就获得了斯德哥尔摩大学医学博士的学位。正当他壮志凌云,准备大干一番事业的时候,不幸的事情发生了。他突发疾病,两腿致残,不能行走,他顿时陷入于不可名状的痛苦之中。这一沉重打击使雨果·西奥雷尔度过了一段难以名状的日子。在这段日子里,他整个人精神恍惚,茶不喝,饭不吃。有时大发脾气,在别人看来,他的一生已经没有什么作为了!雨果·西奥雷尔此时心里非常明白,我再也不能再这样活下去了,不然的话,是件多么可耻的事情,可……,可他又想到自己四肢健全的情形,怎么突然成了残废,再也无法自立行走呢?上天,为什么这样对我不公平,他的心变得郁闷,痛苦不堪。也许,上天又是公平的,精神萎靡不振的雨果·西奥雷尔心中的理想之火仍在蓬勃地燃烧,而且越来越旺。他想,当医生虽然不行了,但还有其他的路可走。他决心从事基础医学和生物学的研究,从根本上发展和提高医学水平,拯救世界成千上万的病人。在他身体尚未康复时,他就开始躺在床上翻阅文件,查找资料了。这也许是他顽强的意志,不屈的精神的表现吧!

不久,西奥雷尔担任乌普萨拉大学化学助理教授,并开始研究肌肉中具有生物活性的输氧蛋白质——肌红蛋白。这一研究工作难度很大,但他很快初露头角,并取得了一定的成绩。两年后,他被提升为乌普萨拉大学医学和生理化学副教授。

多年来,人们在肌红蛋白研究方面屡遭失败,令研究它的形势颇为严峻。但西奥雷尔明知山有虎,偏向虎山行。他克服了一般人想像不到

## 北欧的知识巨轮——斯德哥尔摩大学

乌普萨拉大学一景

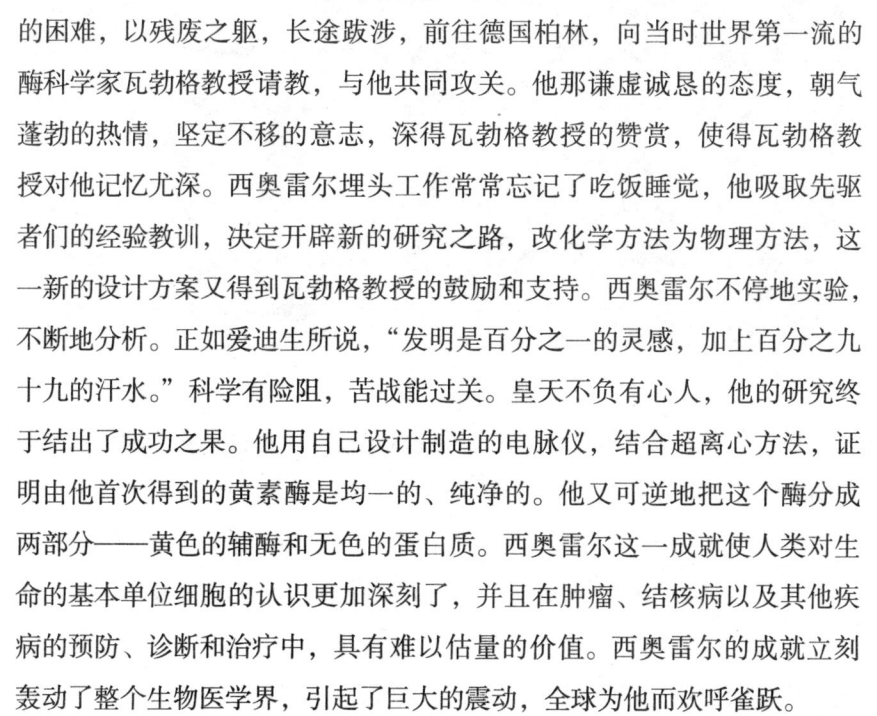

的困难，以残废之躯，长途跋涉，前往德国柏林，向当时世界第一流的酶科学家瓦勃格教授请教，与他共同攻关。他那谦虚诚恳的态度，朝气蓬勃的热情，坚定不移的意志，深得瓦勃格教授的赞赏，使得瓦勃格教授对他记忆尤深。西奥雷尔埋头工作常常忘记了吃饭睡觉，他吸取先驱者们的经验教训，决定开辟新的研究之路，改化学方法为物理方法，这一新的设计方案又得到瓦勃格教授的鼓励和支持。西奥雷尔不停地实验，不断地分析。正如爱迪生所说，"发明是百分之一的灵感，加上百分之九十九的汗水。"科学有险阻，苦战能过关。皇天不负有心人，他的研究终于结出了成功之果。他用自己设计制造的电脉仪，结合超离心方法，证明由他首次得到的黄素酶是均一的、纯净的。他又可逆地把这个酶分成两部分——黄色的辅酶和无色的蛋白质。西奥雷尔这一成就使人类对生命的基本单位细胞的认识更加深刻了，并且在肿瘤、结核病以及其他疾病的预防、诊断和治疗中，具有难以估量的价值。西奥雷尔的成就立刻轰动了整个生物医学界，引起了巨大的震动，全球为他而欢呼雀跃。

雨果·西奥雷尔从小喜欢模仿父亲做手术，上学时酷爱实验课。他

走进科学的殿堂

总是自己动手制作各种各样的仪器，这样他使用起来就更加得心应手。接着他又在研究辅酶和酶蛋白之间的连键问题上取得不小的成就。

1936 年，他获得纯度 80% 的细胞色素 C；1939 年他又获得纯度接近 100% 的细胞色素 C。科学界的同行们对西奥雷尔赞不绝口，称他的手"简直是一双神奇的妙手！"

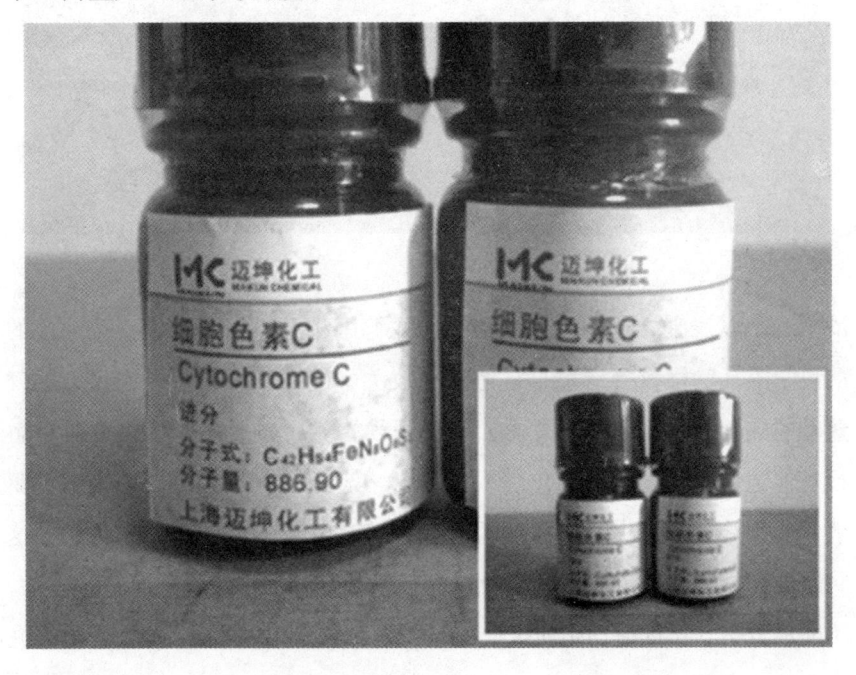

细胞色素 C

1941 年，西奥雷尔又首次获得了过氧化酶，并对过氧化氢酶、乙醇脱氢酶的研究取得可喜的成果。1955 年，西奥雷尔荣获诺贝尔生理学医学奖。西奥雷尔还是一个大教育家，他培养出了一大批杰出的生物化学家。

由于西奥雷尔的突出成就，他先后被瑞典、丹麦、美国、英国、法国、意大利、比利时、印度等国吸收为科学学会会员，并任瑞典医学会、化学会主席，瑞典诺贝尔医学院教授兼生物化学系主任。

# 魅力女强人

## 首位进入高等教育领地的卓越女数学家——桑雅

桑雅·卡巴列夫斯基是俄国的女数学家,她生于1850年,成长于民风保守的俄罗斯社会,作为一名女性数学家,她的奋斗异常艰苦。在1891年,她因身体虚弱,感染了流行性感冒而去世了,享年41岁。

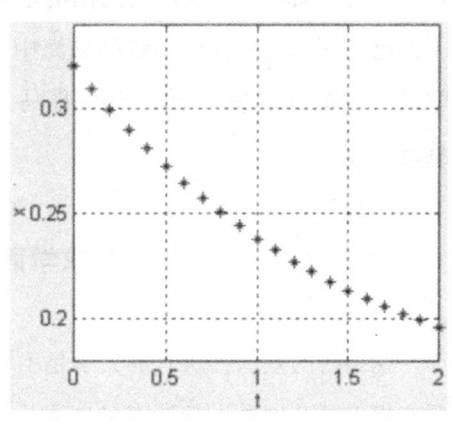

桑雅的一生及她所发表过的数学文章而言,堪称是最近两个世纪以来最最光辉耀人的女性数学家,在偏微分方程与数学物理领域贡献卓著。因为她坚强的意志力,无比的毅力,使她除了得到几个数学的奖项外,她的几个重要的发现,更使得当时的欧洲在数学方面更加的完善,更加的进步。

偏微分方程

桑雅不仅是近世最卓越的女数学家,并且享有妇女解放运动领袖的声誉,对于改变妇女长期无权进入高等教育领地的状况贡献卓著。

走进科学的殿堂

## 壁纸——引起学习数学的兴趣

说起来奇妙，最先引起桑雅研究数学兴趣的，竟然是她家里的壁纸。

那时候，装修用的壁纸必须从很远的圣彼得堡运来。小桑雅的家要更换新的壁纸，但是因购买的壁纸不够用，小桑雅的房间就暂时没换上新的壁纸。某一天，11岁的小桑雅突然发现墙上原先贴的壁纸上，好像有一些数学的式子。于是，好奇的小桑雅开始将她生活大半的时间花在这神秘的墙壁上。虽然她无法清楚了解这些数学式子，但是，这些式子却已经深深的留在小桑雅的脑海中，尤其在她15岁跟随老师学习数学时，一提到这些式子，小桑雅马上回答的速度，更是让老师啧啧称奇！

## 为求学而结婚

在当时的俄国，所有的大学是不准女性进入求学的，因此，桑雅跟父亲提出要到国外大学读书的要求。当时为了避免流言，桑雅在18岁时就订了婚约，举行名义上的婚礼后，便自己动身到德国海德堡大学求学。

海德堡大学是德国最古老也最有名望的大学，在这里，桑雅终于可以尽情地徜徉在知识的海洋了。另外一方面，德国的教师们也因为桑雅的表现及才华而留下深刻的印象。经过了两年的学习，桑雅为她老师的老师——维尔斯特拉斯的热情所感动，便直接投拜这位数学大师的门下，学习更高深的数学。维尔斯特拉斯是一位富有同情心的柏林大学教

授，当桑雅来到柏林而无法进入柏林大学时，维尔斯特拉斯收留了桑雅，并让她跟着自己学习。

*海德堡大学*

一开始，维尔斯特拉斯就给了桑雅一道要给班上高材生做的题目，想要试试她的能力。结果桑雅不但清晰、快速地解决了问题，而且写的是从前没有的解法，维尔斯特拉斯随即被桑雅的热切及聪颖感动了，终于让桑雅加入他的班上。维尔斯特拉斯甚至将未发表的论文、最新的科学发展消息，都与桑雅分享讨论。维尔斯特拉斯是影响桑雅一辈子的老师。

桑雅跟着维尔斯特拉斯学习了四年，在这四年当中，桑雅完成了柏林大学的数学课程，也写了很多重要的数学文章。1874年，桑雅获得了哥廷根大学颁发的博士学位，并且她经过特别的准许不必参加口试，这是因为许多与桑雅共事过的科学家一致赞扬她的作品，使得哥廷根大学给了她这个破天荒的优惠。

柏林大学

1870年，桑雅完成了三篇杰出的论文，分别关于偏微分方程、阿贝尔积分及土星光环三篇论文。当中以"偏微分方程论"最具影响力，她把柯西提出的偏微分方程解的存在定理加以推广，受到数学界的一致称赞，并将该定理称为"柯西—桑雅定理"。

## 突破求职困境

1874年桑雅回到了俄国，虽然她的名声已传遍国外，但因为当时的俄国社会仍存在着排斥女性的现象，因此找不到合适的工作。

1876年桑雅在圣彼得堡认识了米塔格·列佛勒，列佛勒也是维尔斯特拉斯的学生，不过在桑雅拜在维尔斯特拉斯门下时，列佛勒就已经

离开，他后来被斯德哥尔摩大学聘为教授。这次相遇，他不但对桑雅的敏锐和理解力所感动，对于这种排斥女性的现象更是关心，他十分期望他所任职的这所新学校，能够打破往例，吸收桑雅来任教，但始终因为控制学校的几位管理者不肯打破往例而作罢。

最后，在桑雅不懈的努力下，终于在1883年11月，瑞典政府邀请桑雅到斯德哥尔摩大学任教，并于1889年被任命为终身教授。

1888年，桑雅的事业达到了颠峰，她以《论刚体绕定点的转动》这篇论文荣获法国科学院著名的勃丁奖。这个奖项竞赛的规则是，要求参加者必须将自己的作品和名字密封在一个封袋里面，而封袋上写上和作品上相同的格言，这些封袋要一直等到最后结果评定之后才能开封。当评审委员最后选中桑雅的作品的时候，他们并不知道自己所选中的是一位女性的作品，更由于桑雅作品的卓越，使得平常3000法郎的奖金增加到5000法郎。

卢森堡法郎

桑雅当时写在封袋上的格言是："说出你所知道的，做你该做的，然后一切顺乎自然"。

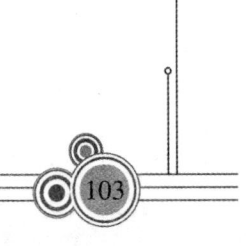

走进科学的殿堂

# 联合国和平使者——阿尔瓦

阿尔瓦·米达尔（1902—1986年），致力于推动裁军和世界和平。

## 爱读书的阿尔瓦

1902年1月31日，阿尔瓦·米达尔出生在乌普萨拉。20世纪初，瑞典正在实行从一个农业社会向工业社会的转变。她的父亲阿尔伯特·赖默经过奋斗成了一个独立的建筑商，同时也是一个活跃的社会民主主义者，并且参加了"消费合作社运动"，这个运动是"人民共兴"运动的一部分。因此，她父亲的新工程一旦落成，他们就要搬到别的地方，阿尔瓦小时候住过很多乡间小镇。经过多年飘泊不定的迁徙生活之后，他们全家搬到了位于斯德哥尔摩西边的小城埃斯基尔斯蒂纳附近，由于

卢梭

农业是父亲热爱的事业,也就顺便在那里经营着一个农场,但阿尔瓦却从不去挤牛奶或者下地干活,她更喜欢读书、写诗和梦想。阿尔瓦中学毕业后渴望继续学习,继续读书和出外旅行,但遇到了一些困难。一方面是埃斯基尔斯蒂纳的高中只收男生,另一方面是她的父亲作为卢梭的一个热诚追随者,认为任何进一步的形式上的教育都是多余的、不必要的。同时,她的母亲也不支持她继续上学,她是一个出色的、富有艺术才华的古怪女人。她不理解,为什么女儿的命运要和她的不一样,她的任务就是非常严厉地管理家务。其实,她自己也想有一个美好前程,她常常抑郁沮丧并且老爱躺在床上。阿尔瓦小时候经常和她的大姐祈祷上帝给母亲一个工作,让母亲不再忧郁,让母亲走出困惑。

家里几乎没有用来买书的钱,也不允许阿尔瓦从图书馆里借书回家,母亲害怕书会把细菌带到屋里来。但阿尔瓦可以在一个古旧书店里尽情地阅读她喜爱的书籍,例如埃米尔·左拉、阿图尔·叔本华、奥古斯特·斯特林堡和杰克·伦敦。

叔本华

此外,她还熟读了瑞典女教育家、特别重视儿童权利的艾伦·凯和主张妇女享有选举权的英国哲学家约翰·斯图亚特·密尔的作品。

## 阿尔瓦的信件

阿尔瓦年轻时写给从前的一位老师的一些信件被保留下来了。在信中,她向她所仰慕的这位老师倾诉了她的想法和希望。谈到了她对朋友们的看法以及对自己的评价:正直、自律、充满热情,而对另外一些事情则明显地反感。因此,她愿意为自己敬佩的人做任何事情,但对其他人却相反,特别是她的母亲,简直到了忍无可忍的地步。她还逐一列举了自己其他方面的品质,其中包括:她不是一个爱忌妒的人,也不会忌妒任何人的任何事情,但她不明白别人有的东西为什么自己就不能拥有。她有一种坚强的意志,可以说她以前相当固执,而且始终保留了一点儿这种秉性。年轻的阿尔瓦对自己作了批评,她写道:"不,所有这些看来并不讨人喜欢。"

她的女儿西塞拉作为这些信件的保存者,发表了其中的一些片段。她相信,对于外界,她的母亲阿尔瓦不会赞同自身这种性格,因为它意味着公开反对女性的角色。她认为一个姑娘应该温柔、含蓄、富有感情并能忍受痛苦,但私下里,阿尔瓦却在为自己争取再受教育的权利。她总想去争取另一种有冒险性的生活,但同时她又不想放弃作为一个母亲和拥有家庭生活的权利。对于这样一种生活她并没有榜样可循:她周围的大部分女性都是家庭妇女,反之,那些伟大的女作家、女科学家或者为妇女权利而斗争的女战士,几乎全都没有结过婚,也没有自己的孩子。在阿尔瓦的青年时代,凡是参加工作的妇女们,只要一结婚或者刚一怀孕,就会立刻遭到解雇。

北欧的知识巨轮——斯德哥尔摩大学

## 结婚生子

上了一年商业学校之后，15岁的阿尔瓦开始在埃斯基尔斯蒂纳市的审计处担任出纳员的工作，她被人们称为"操纵大机器的小姑娘"。她把自己的薪水作了仔细的安排：一部分交给家里，一部分用来买书，剩余的部分积攒起来，她一直都在想要争取接受高等教育。她手里有了节省下来的钱就不停地纠缠父亲，直到父亲让了步并且使教育部门同意为女孩子们开设高中课程。可是，与男孩们依旧不同，女孩们上课必须付课时费，而且还不准利用市立中学的教室，这段经历使阿尔瓦终生难忘。

1919年6月，17岁的阿尔瓦认识了比她大四岁的大学生冈纳·米达尔，他们一见钟情。认识冈纳之后不久，她就烧掉了自己那些包含着少女时代的幻想、部分带有宗教般狂热的诗歌以及其他所有有文字的见证。当时她觉得那些都是一些华而不实的东西，她要像冈纳一样做一个理性化的人。

三年后，阿尔瓦通过了高中毕业考试并进入了斯德哥尔摩大学，开始了她的大学生涯。冈纳也在那里学习法学专业，两个人很快就成了大家都熟悉公认的"一对"，并在他们周围形成了许多研讨小组。阿尔瓦学的是文学史、北欧语言和宗教史。1924年，她就参加了硕士学位考试。并在同年，她和当时在斯德哥尔摩市法院任职的冈纳·米达尔结了婚。作为对理智型共同体的补充，阿尔瓦也在寻求家庭型的纽带，她是绝不想去走她母亲的老路的。后来冈纳·米达尔在法院里失去工作，他在阿尔瓦的建议下改为研究国民经济，并在1927年获得了经济学博士学位。

## 走进科学的殿堂

斯德哥尔摩市一景

这一年，他们的儿子扬降生了。孩子的到来使阿尔瓦感到非常幸福，但她仍然想继续学习、思考和写作。

1929年，阿尔瓦和冈纳·米达尔申请到了去美国学习的奖学金。可是，阿尔瓦也就必须面临着一个艰难的选择：在母亲角色和事业前程之间只能选其一。她想把两岁的扬送到爷爷奶奶那里，对于冈纳来说这没什么问题，而他们也确实这么做了。在一段日子之后，阿尔瓦非常后悔，并且称这为一个重大的错误，在她看来，无论是她还是她的丈夫，都没能和这个孩子重新建立起正常的关系。

直到1934年，阿尔瓦的大学才算完全读完了，她在乌普萨拉获得博士学位。她不仅在英国和德国，而且还在美国和瑞士研究了教育学、心理学、哲学和统计学。在50年代之前，社会教育学一直是她主要的工作领域。

## 社会教育研究

经过好几次流产以后,在1934年和1936年阿尔瓦又生了两个孩子:女儿西塞拉和卡伊。自从当了母亲,她就对妇女和儿童在一个日益迅猛发展的工业化社会中的状况产生了特殊的兴趣。特别是在大城市中,工人家庭的居住条件非常恶劣。早在1932年,阿尔瓦就通过一家社会民主党期刊提出了她的集体家园计划。她认为在一个较大的居住单元内,应配置一名受过培训的人员负责居民的伙食、洗衣以及看护和教育孩子的工作。甚至在一次电视采访中,我们这位年轻漂亮的阿尔瓦女士容光焕发,精心梳理的一头金发向上盘起,沉着冷静、满怀自信地侃侃而谈。她提出在住宅区内设置"大型儿童之家"是妇女解放的一个重要条件。

阿尔瓦孜孜不倦地在家庭内部和外部开展针对性的教育培训工作。在30年代初,她发起了父母培训活动,特别强调父亲在子女教育问题上所起的作用。在20世纪40年代她又发表新的论断,她认为夫妻两人应该每天只工作6小时,这样可以有更多的时间与对方和孩子在一起。

1933年,当国家社会主义(纳粹)分子在德国取得政权时(瑞典也有这一运动的追随者),阿尔瓦·米达尔写道:"在反动势力肆虐和对独裁的顺从蔓延之时,我们必须更好地懂得教育下一代的重要性,一定要使他们具有批判能力。学会反抗和坚持自己正确的立场。如果需要捍卫民主和反抗向独裁者'屈服'的要求,那么,按照'该弯腰时须弯腰,该低头时则低头'这样的陈词滥调教导青年人显然是不合适的。人不应该在任何强权面前卑躬屈膝。"

阿尔瓦·米达尔的社会和政治活动在任何时代都有一个明确的计

## 走进科学的殿堂

划，而所有的计划都建立在对社会问题所作的透彻和科学的分析的基础上。理论上的认识引导她获得正确的、符合实际的结论，并且尽最大的可能按照制订的政策和计划加以实施。她希望自上而下、通过国家的干预进行社会变革，但从来都不会忘记发动基层民众共同思考和参与。阿尔瓦自己更不会置身事外，她清楚明确地阐述自己在艰苦的工作中所形成的观点，尖锐地提出问题，在政治上目标明确，较年轻的时候甚至更显得咄咄逼人。她始终在平等和自由这一目标

纳粹标志

斯德哥尔摩市政厅

魅力女强人

的指引下参加到一个相应的机构和组织内开展工作，当然大多数是在她的党和国家的框架之内行事。

在阿尔瓦的宣传鼓动下，经过一系列的准备工作，斯德哥尔摩教育学院落成了。这是第一所学龄前儿童教育工作者的培训学校，阿尔瓦从1936年到1948年一直担任院长。该学院由一家住宅合作社和斯德哥尔摩市政府出资赞助的，到20世纪40年代末，国家正式接收了这所学院。

1934年，阿尔瓦和冈纳·米达尔共同发表了《人口问题的危机》，这是一部探讨瑞典社会改革的著作，它的问世引起了很大的争议和热烈的讨论。阿尔瓦和冈纳认为，多子女家庭恶劣的生活条件是造成人口老化的根本原因，他们要求实施一项有利于家庭的住宅建筑计划，发放儿童津贴和房租补助，实行免费教育和免费提供学生早餐。此外，书中还公开讨论了当时还相当忌讳的性问题。他们认为，对于想做父母的人来说，广泛的避孕知识宣传以及不受惩罚的、正常的医院堕胎是一项基本的前提条件。

这本书出版后，社会民主党政府成立了一个由科学家和政治家组成的委员会来负责这些改革建议的实施。虽然夫妻两人都是该书的撰写者，冈纳·米达尔被聘任为委员，但阿尔瓦仅仅被当作一个可以请教的内行。

## 追随丈夫

1938年，冈纳·米达尔应邀前往美国，利用卡内基基金会提供的财政支持对"黑人问题"进行分析，冈纳需要提出实际可行的解决办法。

阿尔瓦作为合作撰搞人，她带着3个孩子跟随丈夫到了美国。冈纳

这个卓越的思想家是这方面的天才，但还是需要阿尔瓦到美国帮助他工作。他离不开她的洞察力，她的智慧。她具有区分本质是非的能力，同时，他希望靠阿尔瓦将全家聚在一起，他觉得这是女人的事。冈纳·米达尔于1944年发表了他的成果。

在美国，阿尔瓦无法像在瑞典那样参加社会政治活动，然而她却并非无所作为，她写了一本《国家和家庭》。这本书在1941年出版了，她参考了美国的情况在书中重新讨论了瑞典的家庭政策。

1940年，米达尔夫妻返回瑞典之后，他们又发表了一本共同撰写的著作，书名为《接触美国》。阿尔瓦和冈纳在书中用西方的传统民主主义批判了纳粹的专制，将美国社会、经济、文化等各方面的情况同威胁欧洲的纳粹党的野蛮统治作了对比。在书的最后，他们描绘了一幅美

**美国风光**

丽的、堪称理想的美国社会图景。阿尔瓦所讨论的问题时常非常具体，她擅长从理论和理性的角度去观察事物、分析问题。比如，她特别赞赏美国的教育事业。在美国的学校中，很少突出精英和强调权威，而是把学生的个性、人格放在教育工作的中心，包括心理咨询在内。实际上，阿尔瓦所举的例子包括一些优秀的私立学校。在这方面，她所描绘的图景与儿子扬的切身体验却不尽一致。

阿尔瓦喜欢把她所能想到的一切事情都联系在一起加以观察和分析，但是她的家庭使得她的理想几乎无法实现。她得一个人负责家务事和孩子，好在有女佣和保姆的帮助，她可以把一切安排得井井有条。

她的女儿西塞拉回忆说，阿尔瓦也会辛辛苦苦地为孩子们缝缝补补，织件衣服，但毕竟这样的时间是太少了，甚至不久之后就停止了亲自对他们的教育。很多时候都是孩子们想做什么就做什么，这使得他们显得有点儿任性放肆和缺乏教养。有时候阿尔瓦呆在家里他们也会有受宠若惊的感觉。

## 在联合国总部任职

冈纳·米达尔把全部精力都用在了工作上并且希望所有的人都照顾他。他根本没有时间与孩子沟通，他和儿子扬之间经常会为一些鸡毛蒜皮的小事进行争吵，有时也会因政治问题而争执。而这时，阿尔瓦却毫无办法，什么也无法说，只能眼看他们父子之间的矛盾越积越大。

1941年，冈纳·米达尔为了继续进行他的研究工作，返回美国。他要求妻子跟他一起去，但这次阿尔瓦却有点拿不定主意。现在她在瑞典又重新开始了她的社会教育工作，同时她还觉得很不错。另外，她已经重新和孩子们熟悉起来，要是到美国去的话又得和他们分开。冈纳向阿尔瓦提出了最后通牒：如果她不跟他一起去那就离婚。下一步的研究中他需要她的理智、清晰的条理和活力，没有她在身边他不是意志消沉就是会着了魔似的陷入狂热的工作之中。阿尔瓦对此非常恼怒，但还是丢下孩子们跟丈夫去了美国。

美国风光

后来，阿尔瓦解释说，她把婚姻看得比家庭更重要，这样也就顺从了丈夫。但是，这使她的良心受到折磨，她认为，这是她一生中所犯的第二大错误。

1946年，由于阿尔瓦作为瑞典代表在国际事务中的出色表现，她获得了一项诱人的提名——出任联合国教科文组织的干事。可是，她没敢在自己的辉煌前程上迈出第一步，她还是不愿拿家庭去冒险。当她起草回信时，冈纳请求她加上一句，说他有兴趣在建立欧洲经济新秩序方面开展合作。看来，作为瑞典部长的他不是特别走运。1947年，冈纳被任命为联合国经济委员会的负责人。于是，阿尔瓦又一次中断了她在瑞典的工作，带着两个女儿陪同丈夫前往日内瓦上任。

40年代末，阿尔瓦·米达尔在日内瓦扮演着一个她既不适应也不胜任的家庭主妇和女主人的角色，她只是成了丈夫的一件装饰品。当然，她可以重新提笔写作，但对她来说，写作早已不如实际工作那样重要，而且家里的气氛也很糟糕。孩子们明显地感到了她们一向快乐的母亲那种紧张的情绪，连已在他们家工作多年的女管家也因此而倍受折磨。

1949年，阿尔瓦再次被聘到纽约的联合国总部任职，她立刻就同意了。这一次一点儿也没有顾虑孩子和丈夫，甚至把两个女儿还丢给了丈夫。冈纳一如既往只顾埋头工作，对孩子依旧不闻不问。阿尔瓦走后，女管家从肉体到精神全部垮掉了。一个女儿15岁，另一个13岁，她们觉得自己被孤零零地抛弃了。卡伊只好给自己找了一个新家，搬到一个照料国际学校的孩子们的老师家里。现在西塞拉可真的成了孤孤单单的一个人，她只能以写诗的方式自己安慰自己并且很快陷入了热恋之中，这也使她较好地度过了家庭危机。

来到纽约之后，阿尔瓦终于成了一个"自由人"，从此踏上了自己的锦绣前程。她被任命为联合国秘书处社会部总干事，在整个联合国内这是第三号位置，她成为了国际组织中职务最高的一个女人。

在纽约，阿尔瓦杰出的外交和管理才能充分地发挥了出来。她的任务包括国际福利和

联合国标志

社会政策、难民问题、人权问题以及在国际上第一次引起重视的妇女权利问题。她同家里人保持着通信联系,这和以前同家里人分开时一样。

　　1951年,为了和全家离得近一些,她要求调任设在巴黎的联合国教科文组织。正如她兴高采烈地从纽约给女儿的信中写的:现在她们之间只隔着一夜火车的距离。但是,她并没有充分利用这一点。阿尔瓦成了联合国教科文组织社会科学处的负责人,任务是建立各国之间在科学和文化方面的合作。20世纪50年代,全世界以及国际组织的工作全都处在冷战的控制之中;同时,欧洲列强在非洲和亚洲的殖民地迫切要求独立,所以,阿尔瓦·米达尔把全部精力投入了关于第三世界贫困问题的讨论之中。1955年,她被任命为瑞典驻印度、锡兰、缅甸和尼泊尔大使。这一回,她的丈夫第一次跟着她走——他参与了一项从经济、社会、文化和政治的角度对亚洲国家所进行的考察研究,甚至女儿卡伊也和她在亚洲生活过一段日子。

尼泊尔风光

## 置身和平事业

1961年，阿尔瓦·米达尔回到瑞典以后，写了一本书来总结她的工作，该书用了一个纲领性的名字——《我们对贫困民族的责任》。

1961年，她代表瑞典参加了联合国的日内瓦裁军会议，并且成为一些小国和中立国家的发言人。一开始，在裁军问题上她并不具备特别的业务专长。她说："对此我一无所知：作为一个女人我从来没有服过兵役，也无法一下子掌握相关的术语。"但她依靠自己的毅力和通过刻苦学习，很快便熟悉了工作，不但凭借基础牢固的专业知识博得了好评，而且还提出了一项新的决策。她要求超级大国应从根本上裁减军备，并希望首先要加强没有核武器的中立国家的地位。她在日内瓦的活动赢得了人们普遍的赞扬，但由于她触动了国际军火资本家的神经，因而也遭到了批评。尽管她在日内瓦真诚而又切实地为裁军而斗争，但她毕竟代表着军事工业最发达的国家之一。不过谁也不会谴责她是一个伪君子，因为她的论证既明确又直率。阿尔瓦·米达尔也从来不把自己看做是一个和平主义者，而是前后一贯地强调各个国家进行防卫的权力。

这个瑞典女人不久之后就懂得了，她的愿望在日内瓦是很难实现的：超级大国根本就不打算裁军。很显然，他们准备在欧洲进行一场远离本土的有限核战争。阿尔瓦揭露美、苏两个超级大国所谓维持和平的军备均衡论是一种极度自私的算计，她支持瑞典的"温登计划"。作为核裁军的第一步应首先建立无核区，同时应保证核能的和平利用。不过，在核能的利用这一点上她后来与她的党派产生了分歧，因为她认为，无论采取什么措施都无法排除为了战争的目的滥用核材料和核技术的可能性，而且这种能源的危险性也是显而易见的，所以她拒绝支持利

**走进科学的殿堂**

用核能。

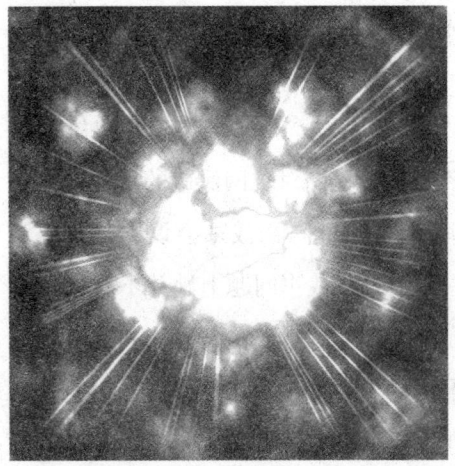

核 能

为了在科学的基础上对裁军问题开展具有现实意义的讨论，以便实事求是地驳斥有关论调，她和她的丈夫于1964年向瑞典国会提出了建立国际和平研究所的建议。来自全世界的科学家可以在这个研究所里进行工作，然后把他们的研究成果提供给国际裁军会议使用。国会通过了这一提议并提供了建立研究所所需要的资金，以此来庆祝瑞典持续150年的和平。冈纳·米达尔担任了该研究所管理委员会和科学顾问委员会的主席。今天，国际和平研究所已成为一个国际公认的重要研究机构。

60年代，米达尔夫妇重新在瑞典安了家，他们在斯德哥尔摩中世纪风格的市中心买了一栋老房子。冈纳·米达尔在斯德哥尔摩大学教授国民经济学，阿尔瓦从1962年至1970年一直担任瑞典国会的议员。从1967年起，她作为裁军部长成为瑞典政府的阁员。这时，儿子扬和他们的矛盾又尖锐起来。扬严厉地批判瑞典政府在越南战争问题上的两面性：一方面，它反对美国的政策；另一方面，在阻止瑞典军火工业提供针对越南南方人民解放阵线的武器的问题上毫无作为。在1982年的一次报纸采访中，阿尔瓦坦率地承认：尽管她愿意和儿子交流，但自从越南问题以来，她和扬之间无论如何再也无法进行讨论。

## 退休之后

阿尔瓦于1973年离开政府并开始了她的退休生活。她在美国加利福尼亚州的圣巴巴拉进行了几年的研究之后,写了一本书总结在裁军谈判中那些令人失望和幻想破灭的经历。在1976年出版《裁军与欺诈》这本书中她公开揭露了某些政治家、科学家、研究人员和经济学家的各种玩忽职守行为,严厉谴责他们为了自身的利益毫无良心地拿着千百万人的生命进行赌博。

阿尔瓦·米达尔退休之后依然非常活跃。虽然她有些悲观,但由于战争的危险丝毫没有排除,她继续写文章,到处作报告,向着她所向往的自由、平等的目标不断靠近。"放弃是与人的尊严不相称的。"1980年,她作为阿尔伯特·爱因斯坦和平奖的得主在纽约这样披露了她的心声。

她越来越明确地强调,必须通过组织工人运动与和平运动来发动民众。她在接受诺贝尔奖后的致辞中再一次指出了通过和平运动向政府施加压力的必要性:"我们施加压力的唯一手段就是借助公众舆论的力量。"实际上,授予阿尔瓦·米达尔诺贝尔奖的意义远远超过了对于她个人的尊敬,它是对采纳了这位瑞典女性许多论点和要求的世界和平运动的一种政治声援

诺贝尔和平奖

和实实在在的支持。

在垂暮之年,当阿尔瓦·米达尔回首往事时,自己的历程可以说是一片辉煌,但她却总是十分自责地反省:以孩子作为代价来换取这种辉煌是否做得太过分?

在生命的最后几年,阿尔瓦·米纳尔由于脑肿瘤而受到失语症的折磨,面临着失去说话能力和语言理解能力。对于阿尔瓦·米达尔来说,一想到那该死的沉默简直是无比的恐怖,因为大声地说出自己的想法,表明自己的立场,进行阐释和说明,提出各种建议,这是她整个生命的组成部分。

斯德哥尔摩一景

阿尔瓦·米达尔是在开始公开说出她的自我怀疑之时患病的,这些内心的怀疑显然给她造成了巨大的压力。一直住在美国的女儿西塞拉是她最重要的谈话伙伴。她想表明,她既不同意对她个人不加批判地加以推崇,也反对对她的无端攻击。经过长期生活的磨炼,她现在完全可以回顾自己的一生,"就像通过一面能够反照 50 或者 60 年的后视镜……"来审视那些"在已经发生过的事情与我有可能规划的事情——其实是一些必须规划的事情之间完全没有意义的滑动。"她从未把自己的生活看成是一种典范,更不认为自己完美无瑕,她并不是一个没有错误的人。但她到底怎样看待这一切已经成了她的秘密,因为她再也无法说话了。

## 北欧的知识巨轮——斯德哥尔摩大学

1986年2月1日，阿尔瓦·米达尔因患脑瘤在斯德哥尔摩去世。她生前最后几年和丈夫一起住在一家养老院里并在那里去世。去世前丈夫和两个女儿守在她的身边，但儿子却没有来。最后她只能呐呐而言，一遍又一遍对女儿西塞拉说："请原谅我。"

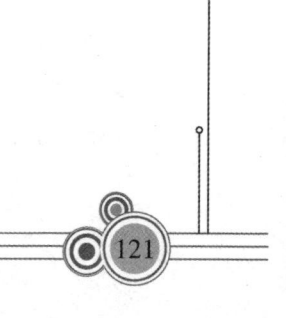

走进科学的殿堂

# 瑞典皇家科学院女院士——布鲁特

魅力女强人

瑞典皇家科学院成立于1739年,是仿照伦敦皇家学院和巴黎皇家科学院的模式成立的。瑞典皇家科学院是一家独立的,非官方的科学组织。瑞典科学院出版物理、化学、数学、环境科学等六种具有国际水平的定期杂志,而且还承担了选拔诺贝尔物理、化学、经济三个领域的获奖者的任务。

布鲁特·玛丽是瑞典皇家科学院的终身院士,荣誉的光环下,她仍是一个和蔼可亲的大姐。五十多岁的她,仍显得年轻,利落。科学的雨露,艺术的修养,使她的人生多姿多彩。她画得一手水彩画,飞针引线做得一手好活,扬帆、潜水、溜冰样样在行。她刚柔相济,论女人味,你只要看看她自己缝制的衣裙,论事业,她是巾帼不让须眉。

瑞典皇家科学院

1966年,布鲁特在斯德哥尔摩大学读本科,1969年在斯德哥尔摩大学又取得了理学士的第二个学位,1973年成为博士,1976年是副教授。1983年经过与另外九个申请者的竞争,她成为斯德哥尔摩大学分子生物系的主任、教授,那一年她才39岁。这是一条充满了挑战的生

北欧的知识巨轮——斯德哥尔摩大学

机勃勃的科学家之道，翻阅她学术荣誉的一页，从大学到协会，到政府机构，到皇家科学院，顾问、主任、副主席、院士……当然在瑞典这个高度提倡男女平等的社会里，女科学家也备受人们的尊重，备受社会的呵护，但是她还是辞去了许多的职位与荣誉。时间，时间，还是时间，她要思索，要实验，要研究，她要时间。

布鲁特是研究分子生物的，主要专业是研究核糖核酸。分子生物学是一门很吸引人的科学，分子生物学界几十年来，积累了许多实验室的数据，才由太古代混乱的化学分子归纳出以 RNA/DNA 为基础的统一的基因语言。DNA 或 RNA 分子中具有精确的复制能力，并能制造其的长型生化分子——蛋白质。长期以来，布鲁特·玛丽从事于 RNA 的研究工作，很熟悉这个领域的知识。

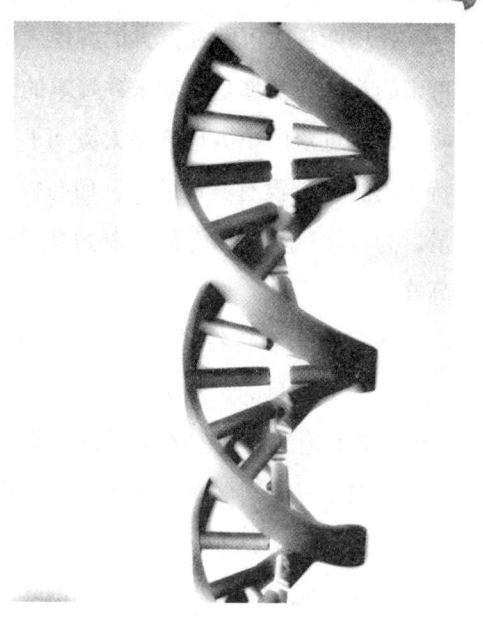

核糖核酸

1989 年，两个美国的科学家同获诺贝尔化学奖，他们是托玛斯·切赫和希德尼·奥尔特曼。他们在 RNA 分解代谢方面的新发现令科学界兴奋，而更为兴奋的是她——布鲁特·玛丽。诺贝尔化学奖评选委员会委托她向其中的托玛斯报喜。她熟悉托玛斯，他们是同行。电话从瑞典打到美国，他夫人说他去出席会议了。电话就再追到会议处，她欣喜地说：

"我有一个激动人心的好消息要告诉你。"

"是什么？请快说。"托玛斯怀着极大的渴望。

"你和希德尼·奥尔特曼共获今年的诺贝尔化学奖。"

魅力女强人

123

## 走进科学的殿堂

托玛斯顿时沉浸在巨大的喜悦之中,有什么能超越科学事业的成功带来的欢欣呢?那是长期来在崎岖的山路上不畏艰险地攀登,如今站在峰顶,一览众山小。也许是太激动了,他除了反复地说"谢谢你,布鲁特·玛丽"外没有其他的话。而布鲁特在同行的成功中汲取了鼓舞与力量,为科学献身的信念鼓励着她在 RNA 千姿百态的领域里也要去攀登高峰。

1987 年,布鲁特成为为数不多的皇家科学院的女院士。她的学术成就是令人瞩目的,从事研究多年来,她单独或与人共同合作,发表了 106 篇学术论文,其中的大部分是发表在美国及欧洲一流的杂志上。这一点,对于一个科学家要走上世界的讲台,学术成就为国际学术界注意是非常重要的。从 1987 年起,她年年参加在美国、德国、匈牙利、印度、法国、意大利及台湾地区的国际学术会议并应邀发表学术演讲,也是从那年起至今,她指导和共同指导了 13 名博士生的毕业论文。

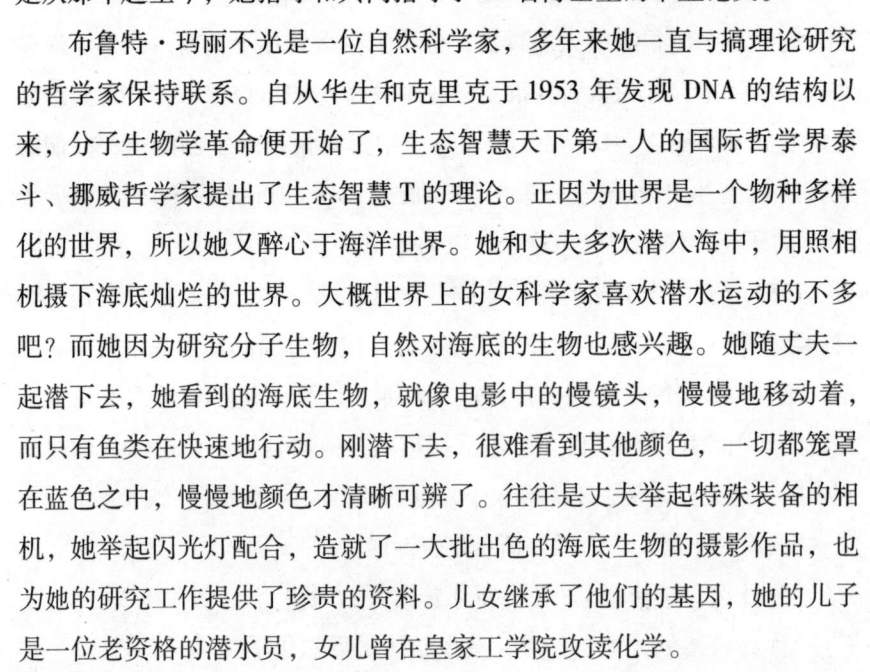

布鲁特·玛丽不光是一位自然科学家,多年来她一直与搞理论研究的哲学家保持联系。自从华生和克里克于 1953 年发现 DNA 的结构以来,分子生物学革命便开始了,生态智慧天下第一人的国际哲学界泰斗、挪威哲学家提出了生态智慧 T 的理论。正因为世界是一个物种多样化的世界,所以她又醉心于海洋世界。她和丈夫多次潜入海中,用照相机摄下海底灿烂的世界。大概世界上的女科学家喜欢潜水运动的不多吧?而她因为研究分子生物,自然对海底的生物也感兴趣。她随丈夫一起潜下去,她看到的海底生物,就像电影中的慢镜头,慢慢地移动着,而只有鱼类在快速地行动。刚潜下去,很难看到其他颜色,一切都笼罩在蓝色之中,慢慢地颜色才清晰可辨了。往往是丈夫举起特殊装备的相机,她举起闪光灯配合,造就了一大批出色的海底生物的摄影作品,也为她的研究工作提供了珍贵的资料。儿女继承了他们的基因,她的儿子是一位老资格的潜水员,女儿曾在皇家工学院攻读化学。

北欧的知识巨轮——斯德哥尔摩大学

*美丽的海底世界*

1993年，正当布鲁特的事业发展处于一帆风顺之时，发生了一件令她至今难以忘怀的事情。那时一个冬天的假日，从斯德哥尔摩的梅伦湖一直到谢可特那，布鲁特·玛丽和她化学家的丈夫毕扬在冰天雪地的湖面上滑冰。他们和两个朋友，时而快速，时而慢溜，滑翔在冰面上，融和在冰清玉洁的氛围里。布鲁特·玛丽有点热了，撩起帽子，看看落后一步的丈夫。他停下了，是滑雪板出了问题？

她一个快步朝他滑去，然而他倒在了冰面上。"毕扬，毕扬。"她急切地唤着。朋友们围上来。毕扬不吭声，他进入了昏迷。半小时后，直升飞机赶到了，载着他，送到了医院。医生告诉她，毕扬得了脑血栓。五天后，毕扬走了，再也不回来了，没有留下片言只语，有的是他留下的欢声笑语，书房里，卧室里，处处都有着他的身影。相濡以沫的毕扬，怎么就这样走了呢？是的，毕扬把人生美好的瞬间都留给了妻

魅力女强人

125

子：地中海的扬帆，波罗的海的潜水，如今在滑冰中划下了一个漂亮的休止符，就像交响乐队的指挥，听万马奔腾的旋律，渐渐地远去，远去，他在空中划下一道长弧，戛然而止。

是的，人生这样的归宿无疑是最完美的，自然科学家以研究自然为本，当崇尚融化在自然中的生命。从20世纪70年代起，布鲁特和丈夫同窗共读化学，携手筑起一个温馨的家，一双儿女相伴，20余载岁月，毕扬以男人宽厚的胸膛和臂膀，搭起她事业的支柱。瑞典的丈夫都是好样的，他们操劳家务，照顾孩子，在自己奔事业的同时，为妻子驰骋在科学的疆场牵马扶鞍，鼓掌喝彩。这样的男子汉在瑞典很多，而像毕扬那样的好丈夫是当今文明社会的产物，展示了真正的男子汉的伟岸，也是因为有毕扬这样无私的支持，他的妻子在事业上才展现出光辉。

记得地中海曾经留下过她和毕扬的身影。那一天从法国口岸出发，黄昏很美丽，晚霞布满了天空，在落霞与孤鹜齐飞中开始扬帆，一片诗

地中海风光

情画意。夜晚暴风雨却来了，狂风大作，他们搏击风浪，帆船在暴风雨中迷失了航向。在这危机之中，幸好他们发现了一艘过往的船，带他们走出了困境。

还记得与毕扬一起去日本一周，途中经过香港停留了两天，亚洲古老的文化令他们赞赏不已。走进中餐馆，第一次学习用筷子夹菜，筷子在手里左右晃动，菜肴拨拉得满台子都是，所有的侍者都聚拢来看他们的动作。他俩却在孩子似的天真里，一片片地捕捉着筷子下的佳肴，他们放声大笑。世界原来很大，要学的东西可真多。现在的布鲁特拿起筷子，却是得心应手，家里也有多双精美的中国筷子。

走进科学的殿堂

# 倡导女权的斯大女教授——缪斯

每天当夕阳西下时,在斯德哥尔摩的一个森林里,人们总会看到一个女子骑马的矫健身影。她就是斯德哥尔摩大学政治科学系的缪德·埃德奥茨教授。

### 爱马的女博士

世界上一切有生命之物,都与人类有一种息息相关的联系。人们常

马

说，狗是忠诚的，而在缪德看来，马也是通晓人性的。

1985年，缪德正在准备她政治科学的博士论文的答辩。她在努力工作的同时，为自己许下一个愿，那就是假如她获得博士学位，她就买一匹马，作为对自己的奖励。功夫不负有心人，她答辩成功，于是就实现了自己的心愿。一匹高大的马，扬起骄傲的头，精神地看着自己新的女主人。缪德也经常亲昵地拍拍它，和马交上了好朋友。她的马认识她，也认识她的车。陪她一起溜达时，马知晓她的习惯，她的特点。十几年过去了，由于生老病死的自然规律，已经换成第3匹了，可是每匹马，都给缪德留下难忘的印象，她与它们都建立起了深厚的感情。

## 性别政治的贡献

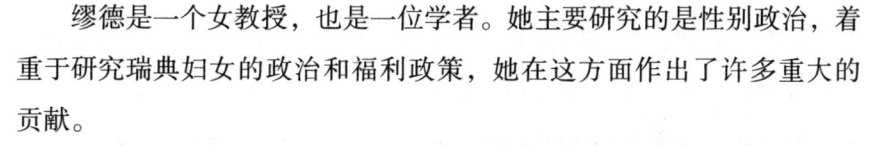

缪德是一个女教授，也是一位学者。她主要研究的是性别政治，着重于研究瑞典妇女的政治和福利政策，她在这方面作出了许多重大的贡献。

缪德认为一个完全的民主社会，应该是男女共享权利。在过去的20多年里，西方世界里参与政界的人不断增多，这是个令人瞩目的现象，而且瑞典妇女参与政治的比率在全世界更为突出。在现在的瑞典议会里，有将近百分之四十的妇女。但是像许多西方国家一样，在瑞典也存在着对妇女施行暴力的现象，所以有些妇女从自身的利益出发，要求成立一个属于自己的组织，这种组织不隶属于任何的政党，她们在政治上完全是独立的。这样的组织在全瑞典是互联的，任何一个妇女感到自己的利益受到侵犯时都可以联系组织，寻求帮助。缪德认为这很要紧，妇女的集体行动，形成集体的力量，去捍卫妇女的尊严，去维护妇女基本的权益。

## 走进科学的殿堂

女权主义动画

众所周知，瑞典是一个高度福利制的国家，但是，对于女权主义者来说，妇女不但应当拥有物质的利益和社会经济的保障，而更重要的是要拥有参与管理、参与变革社会政治的政策制定与执行的权利。缪德以为百分之四十的妇女在议会里，算是很多了，其中也有相当多的女部长，但是从性别平等的角度来看，还是不平等的。这个世界依然是男人为主导的社会，无论在东西方都一样。瑞典尽管妇女参政的比例已经相当高了，但还是存在着在社会主导方面的性别的问题。妇女要成为真正独立的力量登上整个世界舞台，还是需要全体社会公民的共同努力。妇女是社会的一个阶层，不是一个团体，尽管瑞典从 20 世纪 70 年代开始先后推出了一些维护妇女利益的政策，如父母利益保护法、堕胎法、平等机会法等。但是，在许多方面，男女平等的原则还存在着问题，瑞典妇女要求的不只是保护她们社会经济的合法权益，而是在政治上参与的每一均等的机会，缪德在为实现这一权益而一直不懈努力着。

# 东方情结

# 汉学家罗多弼

罗多弼是瑞典斯德哥尔摩大学中文系主任 Torbjorn Loden 的中文名。他于1967年在瑞典斯德哥尔摩大学攻读中文、哲学和俄语学士专业。1980年获瑞典斯德哥尔摩大学哲学博士学位。1990年任教瑞典斯德哥尔摩大学中国语文与文化系,现任瑞典斯德哥尔摩大学中国语文与文化系主任即亚太研究中心主任,汉学系主任,瑞典皇家人文、历史和考古学学院院士。罗多弼是北欧孔子学院的首任院长,也是中国河南社会科学院的客座研究员,瑞典笔会的理事,以及中国《国际汉学》、《学术季林》,奥斯陆《东方实践》,丹麦《哥本哈根文章》,瑞典《斯德哥尔摩东亚研究》等杂志的编委。多

罗多弼

年来,他在国内外有影响的杂志上,在国际学术研讨会上,发表与宣读了100多篇学术文章。近年来他又多次应邀去中国、美国、欧洲等地讲学。他是欧洲汉学协会、亚洲协会、东方研究协会的成员。2003—2004年,为香港城市大学跨文化研究中心的客座研究员。

走进科学的殿堂

## 汉学之路

罗多弼是瑞典斯德哥尔摩大学亚太研究中心主任罗多弼是一个地道的瑞典人，有着哲学家智慧的鬈曲的大胡子。他生长在瑞典的最北边，在瑞典那是一个小地方，人少偏僻，大概可以相当于中国黑龙江的漠河。就是因为他小时候生长在这种边界之地，他才怀有大志，学多元文化，看世界各国。人是会有不同的才能的，罗多弼精通中文、英语、俄语、法语、德语。只要听他说中文，就可想而知他的其他语言的驾轻就熟的程度了。他应邀去中国上海等地各高校讲课时，学者和学生们没有一个人不称赞他的中文地道。

说起罗多弼学习中国文化的契机，是在他16岁那年。那年，他参加全国少年英文作文比赛并脱颖而出，被选拔为瑞典出席在美国召开的世界青年论坛的代表。在那次会议上他遇到了一位马来西亚籍的华人，交谈中，他忽然感到自己原来对中国文化有着那么浓厚的兴趣。另外，在1962年瑞典电视台播出对瑞典著名的汉学家高本汉的专访节目深深地吸引了他，对他今后的学术生涯产生了极大的影响。他很崇仰这位瑞典汉学界的前驱，立志要走上"路漫漫

高本汉

其修远兮，吾将上下而求索"的学者之道。后来当他在大学用一年多的时间修完了所有的学分，取得了其他人通常要四年才能完成的哲学和俄语的学士学位后，就开始学习中文。

要说汉学家，世界上也有很多，可是哲学科班出身，又是思想史家，又是汉学家的不多吧。罗多弼就是一位这样博学的治学家。

罗多弼是一个从少年时代起就有着独立思维能力的人。十七岁时他自己决定从瑞典教会中退出来，表示了他对宗教信仰的不信任，这也显示出他早年很强的独立意识。而且在20世纪60年代的美国之行使他进一步认识到这个世界上存在的诸多不平等。人与人之间，国与国之间，社会的许多不平等，使他从高中时代就开始了对马克思《资本论》的研究，他提出了判断价值和事实存在应予分离的思考。他认为对于价值的判断是主观的，事实存在是客观的，价值不等于事实存在。他不是一个经济学家，但是他是从哲学的角度，从思想的角度去研究资本论的，他注重的是逻辑思维。对于年轻的罗多弼来讲，当他在大学开始学习哲学时，有两位哲学家给予他很深刻的影响，也是他后来学术研究思维和思想方式的奠基的引导人，那就是罗素和聂斯教授。

罗素是罗多弼最喜爱的哲学家。罗素的《西方哲学史》在中国哲学界、知识界负有盛名，他是现代哲学的先驱，他

罗 素

走进科学的殿堂

摆脱了黑格尔思想对西方哲学长期的影响,他为西方的现代哲学开辟了新的研究方式。罗多弼教授为自己起的中文名字就用了罗素的中文之姓,也有着这其中的原因吧!罗素在中国讲学时,又深深地为中国几千年的文化、历史和哲学所吸引。对于罗多弼来讲,这也是他在大学时代学习罗素哲学带来的一种中国情结吧。罗多弼也很喜欢聂斯——这个挪威的哲学家,世界哲学界的泰斗。早年罗多弼就从师于聂斯的学生欧弗斯塔学习哲学,而20多年后,他以大学亚太研究中心主任的名义邀请了86岁高龄的聂斯教授来到斯德哥尔摩大学讲课。

罗多弼认为中国在20世纪70年代后期进行的真理标准的讨论是中国政治发展史上的一大突破,是中国历史上的一大转折点,对中国未来的发展起到了重要的作用。70年代末,中国文化进入了多元化,是一个从独白到复调的时代,他的著作《从毛到财神》,以一个思想家和汉学家的多种角度,研究了毛泽东以后中国文化的变化,他探讨了毛泽东思想的历史地位,市场经济对中国文化领域的冲击与渗透,文化结构的变化以及对中国文化前景的展望等。这是一部很有力度的书,对于世界研究当代中国文化与经济的关系发展,有着一定的影响。

罗多弼对中国的文化艺术情有独钟,有许多中国优秀的知识分子是他的挚友,被誉为"北有钱钟书,南有王元化"的南国学者王元化就是其中的一位,他的办公室里挂着王元化先生送他的条幅。一个学者要学术上卓

王元化

东方情结

136

越绝伦，又有极好的人品是不易的。王元化先生被誉为"深具长者风范的学界大师"，曾两次去瑞典访问，而罗教授则几次去上海，他们在一起时情投意合，促膝切磋学术。只要有可能，王元化先生总要安排罗多弼教授与上海学术界的学者们座谈。罗多弼非常喜欢王元化先生的为人，对王元化先生的《读黑格尔的思想历程》等研究黑格尔的学术文章更是高度赞赏。

20世纪70年代时，罗多弼曾作为瑞典驻中国的文化参赞在中国工作了3年，这段工作经历给了他人生的另一种写意。如果他继续在外交的生涯中，他也许是一个资深的出色的高级外交官了，可是他选择了学者之道。他的天赋确实很高，但他的成功也是基于他博览群书和刻苦钻研得来的。他的家从餐厅到客厅到书房，顶天立地的都是大架子的书，有道是"书山有路勤为径，学海无边苦作舟"。谁都知道，罗多弼是一个大忙人，他的办公室里整天电话不断，出出进进的人真多，可他还是抽出了工作以外的许多时间读书。翻开他的书，就明白他做学问的努力了。

如今斯德哥尔摩大学的汉学系有着80多名本科生，十几个研究生，罗多弼在自己的学术研究和领导工作之外，还担当起繁重的教学任务，那就是教授本科生，指导研究生，教学日程每学期都排得满满的。他与学生的关系甚是融洽，学生们一律直呼其名为多弼。"弼"一字意为辅助，多弼，多弼，多多辅助。他鼓励学生独立思考，他辅导学生以思维的能力。罗多弼的讲课生动活泼，丰富多彩，时而如大江奔腾，气势磅礴，时而如小溪流畅，涓涓滴滴。

罗多弼身为亚太研究中心的主任，也是任重而道远。长期以来斯德哥尔摩大学的亚太研究中心在国际的TRACK—TWO的网络里起着积极的作用，这意味着国际间的合作建立起来的学者与官方的对话，在其中

## 走进科学的殿堂

学术界，是专家与政府计划者以及外交家共同参加的讨论会、创作室和非官方论坛等。人类优秀的文化应该指导社会的实践，当聂斯的生态智慧 T 的理论有一部分建构在中国哲学的精华"天人合一"之上时，面对生态危机重重的世界，这个世界的决策者们从中又能得到多少的启示！

人生多有挑战，罗多弼是喜欢挑战的。挑战赋予人智慧与风采，面临着 21 世纪的挑战，罗多弼，这位斯德哥尔摩大学的汉学家在思索，在行动。

罗多弼

### 中国情怀

1976 年 9 月 10 日，就在毛泽东逝世的消息传出第二天，29 岁的罗多弼结束了他在瑞典驻华大使馆文化参赞的任期，离开中国回国。飞机载着他渐渐远离这个工作了 3 年、让他着迷的古老国度。后来罗多弼回忆那段往事时说："我意识到，那个召唤我来到这里的伟人，也离我远去了。"

罗多弼从小就喜欢语言，他在电视中第一次看到记者采访瑞典汉学奠基人高本汉时，立刻被这位学者儒雅的风度所倾倒。1968 年，革命浪潮席卷全球，瑞典同样兴起了中国热。那时候的罗多弼和所有左翼青

东方情结

北欧的知识巨轮——斯德哥尔摩大学

年一样，成天捧读《毛泽东文选》。这年秋天，罗多弼在斯德哥尔摩大学结束了哲学和俄语学士的学业，带着满脑子"又红又专"的革命理论和阶级斗争学说，去找高本汉的学生马悦然学习中文。后来罗多弼在回答一位记者的问题"为什么你这一代欧洲青年如此喜欢毛泽东思想？"时说："欧洲的知识分子有一个传统，认为在做学问的同时，也有责任当社会批评家，批评我们社会不好的地方。到了60年代，我们都认为，充斥在欧洲政坛的官僚主义，对民主构成了威胁。而在1965年开始的'文化大革命'中，毛泽东主张要缩小三大差别，即缩小脑力和体力劳动的差别，城市和农村之间的差别，还要缩

马悦然

小男女在权利上的不平等。站在欧洲的背景中，我们当时以为，毛泽东所谈的是和我们同样的问题。"正因为此，当1969年底马悦然教授帮他申请到香港进修中文1年，罗多弼毫不犹豫地奔赴香港。

1970年8月，瑞典大使馆的朋友邀请罗多弼到北京看看。在去北京的硬卧火车上，他用各种机会同中国人交流。而总是有好奇的中国人会围着他，甚至有人伸手摸摸他的脸。这次为期一周的旅行，只是让罗多弼觉得中国人生活简单但充满希望。真正让罗多弼深入了解中国的，还是从1973年开始在瑞典驻京大使馆3年文化参赞的时光。如今，早已告别了革命情怀的罗多弼，比较关注中国现当代思想史的发展。

东方情结

**走进科学的殿堂**

## 欧洲首个孔子学院

2005年2月18日,欧洲首个孔子学院——北欧斯德哥尔摩孔子学院在斯德哥尔摩大学中文系挂牌成立。参加挂牌仪式的人坐满了大教室,在这里,他们几乎人人都讲着一口流利的中文。

对于所有在瑞典学中文的人来说,这一天确实是个令人激动的日子。北欧孔子学院首任院长、斯德哥尔摩中文系主任罗多弼在致辞中的第一句话就是:"北欧孔子学院的建立是瑞中文化交流和学术交换历史上的重大事件!"他回顾了瑞典在中文学习和中国文化研究方面的历史。他说,瑞中交往历史渊源流长,中国的崛起更是吸引了越来越多的瑞典人学习中文。中国文明是世界上最重要的文明之一,孔子是世界历史上

瑞典孔子学院

## 北欧的知识巨轮——斯德哥尔摩大学

一名伟大的老师，今后的孔子学院将全力在北欧推广中文和中国文化。

瑞典是欧洲第一个成立孔子学院的国家，这是因为瑞典的汉学研究传统好，斯德哥尔摩大学又非常重视这一项目，可以说是天时地利人和全具备。孔子学院揭牌仪式是在一名华人少女动人的琵琶演奏的伴随中进行的，中瑞学者们轮流上台畅谈自己对汉语教学和孔子的看法。当斯德哥尔摩大学副校长卡雷·布雷默和中国国家对外汉语教学领导小组办公室副主任张国庆一起揭开"孔子学院"的牌匾时，全场爆发出热烈的掌声，然后是香槟酒杯的碰杯声。

现在，比利时、法国和德国也正酝酿成立孔子学院。中国在世界各地与当地大学建立孔子学院的目的正是为了像德国的歌德学院、西班牙的塞万提斯学院等一样，在全球传播汉语文化。

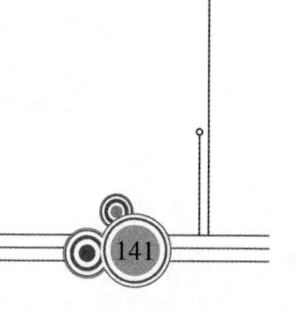

走进科学的殿堂

# 日本学专家谷尼拉

东方情结

　　1976 至 1980 年的时候，人们可以在日本电台 NHK 国际部瑞典语的对外广播中，听到一个女节目主持人悦耳又甜润的声音，她就是现在斯德哥尔摩大学东方学院的院长、日语系主任谷尼拉·林白一瓦达教授。当时，她正在日本东京大学学习日本文学，当节目主持人是她的一部分工作。现在，谷尼拉在研究日本现代文学和古典文学的事业上卓有成效。她是一个很活跃的女教授，其学术生涯和工作经验及阅历很广。说起她的东方情结，要追溯到 1966 年。

东京大学

那是一个美丽的夜晚，谷尼拉去参加爵士音乐俱乐部的活动。在那里一个来自日本的小伙子吸引了她。他是学建筑的学生，那时正在欧洲旅游。不同民族的人相逢，实在是一种缘分，也许是她那与生具有的潜在的东方情结吧，她与他开始了恋爱。两年后，他们结婚了，她随着丈夫去了日本，一住就是3年。她开始了日语的学习，其间也在瑞典驻日本的领事馆工作，有时也会在日本的一些大公司里做教授瑞典语的教师。1971年，他们全家回到了瑞典，谷尼拉开始进入斯德哥尔摩大学学习。她学习日本学、英语、朝鲜语和政治学，第2年就获得了学士学位。

初通日语的她，开始用日语作为他们家庭的日常用语，同时，她又开始阅读日本文学作品。对东方的热爱，使她向往着进一步在日本文学领域得到深造。1975年，他们举家又去了日本，在那里一住就是5年。这期间，她在东京大学等日本名校深造日本文学，也正是那时候，她兼职做了NHK日本广播公司瑞典语节目主持人。热心于东西方文化交流的她，在日本期间，积极地开展许多活动，她担任了翻译公司瑞典语的少年儿童读物的顾问，同时，她又在电视上讲授如何做瑞典的点心和菜肴，深得日本百姓的喜欢。1980年，随着她5年的日本文学水平的提高，他们的第2个儿子出生了，全家决定回到瑞典再求新的发展。

人生的丰富经历是一个人宝贵的财产。谷尼拉回到瑞典后，决心攻读日本学的博士学位。同时，她在丈夫的建议买下一座有19间房的家庭旅馆，这家庭旅馆坐落在离斯德哥尔摩约160公里的小城Katrineholm里。她接受了这个建议，于是，她开始边当老板娘，边攻读她的博士学位。她分别在早上与晚上担任前台服务，一早就起来为客人们准备早点。

每一个博士生都明白，他们的学习需要严格的自律，谷尼拉当然也

## 走进科学的殿堂

不例外。每天从上午 11 时到下午 4 时，是她自己定下的学习时间，雷打不动。这样加上她所担负的旅馆的管理，她每天都超负荷地工作十五六个小时。经过 3 年的拼搏，谷尼拉终于取得了日本学的博士学位，从此开始了她真正的学者生涯。

1984 年开始，谷尼拉担任了两年的斯德哥尔摩大学东方学院的高级研究员。同时，从 1983 年到 1990 年，她在斯德哥尔摩大学皇家工学院和经济学校分别教授日本语和历史。1990 年 10 月，经过竞争，谷尼拉获得了斯德哥尔摩大学日本学的教授职位。

多年来她发表了许多很有影响的文章，当然她最瞩目的成就是她所翻译的三岛由纪夫的《春雪》。翻译是一项艰巨的工作，是一种重新创作的工作。470 页大开本的日语书要译为瑞典语，谈何容易？由于教授工作繁忙，她只能在暑假里翻译，整整五个暑假，她一头钻在这部书的细致的工作中。她以一个学者严谨的态度，以一个文学家灵敏的领悟力，以对原著的理解和深厚的文学功底，把这本小说翻译成了流畅又华丽的瑞典语。

除了文学功底外，谷尼拉的作品也涉及到哲学、宗教等范畴，因此，谷尼拉的译作里也凝聚着她对于社会科学领域知识的修养。后来，谷尼拉的译作获得了日本大公司 1997 年的翻译大奖，她获得了日本第一流出版公司所设立的 NOMA 大奖，该奖专门奖励翻译日本文学的成功者。

NOMA 大奖评选委员会由瑞典文学院的教授、挪威的名诗人、日本东京等大学的教授、丹麦哥本哈根大学教授、丹麦的名作家等组成。谷尼拉的译作《春雪》获 NOMA 大奖后，她得到了一万美金以及一张头等舱去亚洲城市的机票的奖励。后来，她把机票换成两张二等舱的船票，她与丈夫一起去了一次巴厘岛。她从来没有想到这项大奖会授予欧洲人，而且被她获得，她的心里满怀了兴奋和骄傲。

巴厘岛风光

谷尼拉如今已是著名的日本学专家，带着10多个博士研究生，指导他们的论文和研究工作。她是国际日本研究会，瑞典笔会，北欧日本语与朝鲜语研究协会的委员、常委，也是瑞典日本社会研究奖学金委员会主席。1992年，她荣获瑞典国家辞书奖。如今，她还在继续攀登着学术成就的新高峰。

**走进科学的殿堂**

# 丝绸之路的探索者——斯塔凡

东方情结

丝绸之路沟通欧亚非大陆，中国的丝绸在这一茫茫的大沙漠里牵起了一条彩色的绸带，东西方的文化从这彩带上漂来过去，把世界推向了一个多元文化的时代。丝绸之路搭起来的这一道长虹，造就了中国汉唐时期的鼎盛和欧洲文明的发展。如今这一道彩虹，埋在了风沙烟尘中，新疆的塔克拉玛干沙漠曾经就是丝绸之路的通道。

1900年瑞典探险家斯文·赫定（1865—1952年）探险队在这一片茫茫的沙漠里，发现了古楼兰遗址。古楼兰，这一个迷人的古国，何以在几百年的繁荣下神秘地消失在以后的历史中了？她吸引着后人迈开脚步，循着斯文·赫定的脚印走近她，撩开楼兰姑娘的面纱。

将近100年过去了，美国的亨廷顿、英国的斯坦因、日本的大谷光瑞等探险队先后到过那里，中国新疆考古研究所与中央电视台曾经在1979年、

新疆塔克拉玛干沙漠

## 北欧的知识巨轮——斯德哥尔摩大学

1980年两次到过楼兰寻古探旧。正因为中国的文化历史是人类发展史上重要的一部分，20世纪古域国际考察队携手进入大沙漠。可以说，至今为止在这个人迹罕见的大沙漠里留下过足迹的人屈指可数。然而，斯塔凡·罗信——欧洲朝鲜学会副主席，北欧唯一的朝鲜语教授，斯德哥尔摩大学的朝鲜语系主任，他引以为傲的是他曾两次考察过被称为"死亡之海"的塔克拉玛干沙漠，他的足迹永远地留在那掀开人类历史辉煌的一页上了。

那是1992年的10月，由中国社会科学院中国边疆史地研究中心，新疆维吾尔族自治区文联西域艺术研究会与瑞典国家民族学博物馆、瑞典斯文·赫定基金会联合主办的"20世纪西域考察与研究"国际学术讨论会，在新疆的乌鲁木齐举行。会后进行了为期三周的学

新疆塔克拉玛干沙漠

术考察，会上斯塔凡·罗信他宣讲了他的学术论文《斯文·赫定中亚抄本及刻本收藏品概述》。学术考察从乌鲁木齐出发，7辆吉普、一辆大卡车载着斯塔凡和他的中外研究伙伴共33人，浩浩荡荡，一路向大漠进发。他们经库尔勒、库车、拜城、阿克苏，穿越和田河到和田，又沿塔克拉玛干沙漠南缘，经策勒、民丰、且末、库尔勒、和静返回乌鲁木齐，行程5000公里。

10月的和田河已是一条干涸的河，从阿克苏沿着河道走，就是一条通往和田的路了，从北向南，纵越塔克拉玛干沙漠，大约480公里。说是干涸的河道，但有时也会遇到一些残留的水洼，车辆不时就陷入了泥土之中，必须要拖出来，这样的行程并不轻松。他们在沙漠里行了5

天，露营了四晚，那是一段难忘的日子。此行是为了考察这段道上的丝绸之路南北通道干线的古迹、玛扎塔克古堡遗址和沙漠景观等。

作为一个语言历史学家的斯塔凡，可谓是多元文化的勇敢的求索者了。斯文·赫定一生中40多年致力于西域与藏北的中亚地区的探险考察，其大漠远征的胆识和杰出的学术成就，是引导斯塔凡走向东方文化的一个重要的因素。斯塔凡对东方文化的情结和丝绸之路的情结，年轻时代就展示出来了。他当年进入大学首选的就是汉学，师从于瑞典著名的汉学家高本汉和马悦然。在汉学的研究中，斯塔凡着重研究的是语言学和语文学。中国灿烂的古典文学历史，使他对中国历史发生了浓厚的兴趣。读司马迁的《史记》，书中的记载如那一幅幅画面，铺开了中国历史的长卷，由此他想到了那曾经辉煌几世、举世惊羡的丝绸之路，它不是记载的是长安→河西走廊→新疆境内→塔克拉玛干大沙漠→帕米尔高原，而后向中亚、西亚、南亚和地中海的欧洲各国辐射的历史吗？当然也有一种说法是长安→渤海（朝鲜）→日本→亚洲、欧洲。为了研究朝鲜的历史和探讨丝绸之路的走向，经过三年的汉学研究和俄语学习结束后，他又学习了三年的朝鲜语。

1968年，斯塔凡作为交换学者，在苏联科学院的东方研究所研究阿尔泰系比较语言，后又在蒙古学习蒙古文。20世纪70年代初，他在首尔国立大学的朝鲜语系作研究一年。1974年，他在斯德哥尔摩大学获得了朝鲜语历史语言学的博士学位后，又回到首尔，在那里的外国语大学担任了三年的教授。从1975年起，他经常应邀去美国、丹麦、中国香港、俄罗斯等地演讲关于朝鲜及中亚的研究。1989年起他成为斯德哥尔摩大学的教授和系主任，这样他就具有了欧洲和亚洲国家的多种语言的能力，中文、俄语、朝鲜语、蒙古语，为他研究亚洲的历史提供了极大的便利。

斯塔凡曾经对收藏于斯德哥尔摩民族学博物馆的斯文赫定在中亚收

### 北欧的知识巨轮——斯德哥尔摩大学

帕米尔高原

集的抄本、刻本类潜心研究过，他认为这些收藏品主要包括藏文、蒙古文、西夏文、汉文、于阗——塞文、回鹘文和中国南方少数民族语文等，其中的学术价值是很高的。1994年，斯塔凡被选为由1753年建立起来的瑞典皇家文学院历史与考古的院士，该学院作为东道主，由他主持了法国和瑞典对塔克拉玛干大沙漠考古研究的专题讨论会。多年来他在国际国内的著名杂志上发表了一百多篇学术文章，他研究的课题是"丝绸之路的系统里日本与朝鲜的作用"、"YUAN—KORYO历史的关系"，"斯文·赫定收集的中亚抄本和刻本的文章"等。

1994年，斯塔凡决定带队第二次探索大漠，主要在其南缘的中部。一支"第一中瑞塔克拉玛干大沙漠考察团"在他的倡议下就这么成立了。这是他与新疆考古研究所合作成立的，考察团由3个瑞典人、5个汉族人、两个维吾尔族人所组成，斯塔儿任团长。

他们还是选在10月出发。10月的风沙少，白天温度在摄氏25~30

走进科学的殿堂

乌鲁木齐风光

东方情结

度之间，晚上在零下7度左右。按理去尼雅最近的道是从乌鲁木齐出发往南再往西走，但是这一条道鲜为人知，考察团只能从乌鲁木齐出发由西往南朝东，转一大圈到达尼雅（大约位于和田往东大漠的边缘处）。从尼雅再往东是安迪尔兰干，从地图上看这里有3条河流。有河流处就应该有村落、人烟，但是中间的那一条河流的沿岸却一直没发现有人的踪迹。

在尼雅附近，斯塔凡一行采访了许多当地人，了解到一些当地的水源、村庄的分布，他们决定往东找寻下一条河流的村庄。沿着河道走，柳暗花明又一村，他们惊喜地看到了炊烟。原来，在中间那一河流的尽头，竟有一个200来人的维吾尔族的村子，那里有骆驼，考察团就向老乡租了13头骆驼，铃铛作响的骆驼队往牙通古斯兰干以北的塔克拉玛干大沙漠挺进探索尼雅古迹。

对于斯塔凡来说，这第二次进入沙漠的四天是他人生中真正的辉煌时期。大漠是神秘的，严峻的。1980年5月至6月，中国著名的科学家彭加木任中国罗布泊科学考察队长，他在首次穿越罗布泊的过程中单独

## 北欧的知识巨轮——斯德哥尔摩大学

一人离开营地考察时，就消失在了大漠的茫茫之中。当时，中国出动了空陆部队仔细寻找，不见踪影。1996年，壮士风雨8年走中同的余纯顺，遍走中国高山、边寨、极地，徒步40000公里，在"一步之遥"之际，倒在了塔克拉玛干大沙漠。看来，大漠是浩浩之沙所集合，大漠也只认可集体的智慧与力量。作为团长，责任重大，斯塔凡严格地规定考察队成员单独一人绝对不许外出的纪律，保证了该团的安全。

彭加木

白天骆驼载着他们行走，红褐色的沙漠里，有着二百米高的沙丘，巍巍耸立，它们记载了昔日丝绸之路鼎盛的历史。夕阳西下时，斯塔凡和他的队员们登上沙丘，眺望晚霞笼罩下的大漠，红褐色的沙漠此时罩上了一层金灿灿的光芒，深蓝的天际在玫瑰色中涂有一层紫罗兰色。此时的他们，谁也不敢说话，静寂中，感到自己整个的灵魂都已经融化在大漠的浩然之气中了，他们感到了与自然合一的伟大与崇高。3000年的胡杨顽强地在大漠里昂首挺立，昨日的繁荣淹没在沙尘中，却淹没不住今日蓬勃的生命力。没有了炊烟缕缕，生命照样在这里延伸。

夜晚他们在大漠之中露营，红黄相间、红绿相间的帐篷被大漠紧紧地拥抱着。斯塔凡在夜色笼罩的帐篷里，想起了故乡，想起了妻儿。在瑞典的大学城乌普萨拉他有一个温暖的家。他和俄罗斯籍的妻子，和他

东方情结

151

## 走进科学的殿堂

们一双女儿，住在一幢带着很大花园的楼房里。斯塔凡会弹风琴和钢琴，闲暇时，他们家里经常会飞扬出悠扬的琴声，妻子与女儿们轻吟低唱声。在这艺术氛围里长大的大女儿，后来就上了艺术学校。如今在这静静的月夜里，远离家人温馨的陪伴，他更觉自己在学术生涯路途漫漫地跋涉中，有一种艰苦探索的愉悦。

在大漠的第四天，他们终于发现了古迹。那里分布着三十幢房子，有的留着顶棚，有的只剩下了框架，斯塔凡和他的同伴们欣喜的心情难以表达。一个在历史上曾经辉煌过的地方怎么会消失得无影无踪？这是一大神奇的秘密，也告诉了我们生态失去平衡后带来的悲剧，唯有这样，我们才更明白生态平衡的意义。

1600年岁月的流失，静静地挺立在大漠的这30幢房子的遗迹，迎来了中瑞联合考古队，千年的历史画卷开始由这一代科学家、历史学家掀开。其中的五彩缤纷，自会有不断问世的杰出的论文文献带给整个人类。这些古老的屋址告诉人们，这里曾经是一片绿洲，生态平衡的破坏导致了昔日的繁荣卷入了沙层之中，人类从这里又该汲取什么样的生态智慧？在这昔日繁荣昌盛的古道上，留下多少人类的智慧。塔克拉玛

**楼兰古国遗址**

干沙漠是一个迷人的地方，这大漠之谜和丝绸之路之谜，留给了全人类多少的秘密有待于后人去揭开。

# 诺贝尔风华

## 引起分歧的诺贝尔奖获得者——阿列纽斯

1859年2月19日，瑞典化学家阿列纽斯生于瑞典乌普萨拉附近的

*瑞典乌普萨拉大学*

威克庄园。1876年，阿列纽斯以优异的成绩考入乌普萨拉大学。他以出色的学位论文获得了1903年诺贝尔化学奖。在这篇论文里，阿列纽斯提出了关于电离理论的初步看法。

走进科学的殿堂

## 惹事生非的好学者

在阿列纽斯很小的时候就显现出敏而好学的天性，根本就没有人特意去教他什么。他在看哥哥写作业的时候，慢慢地学会了识字和计算。他的启蒙教育可以算得上"无师自通"了，6岁时就能够帮助父亲进行复杂的计算。

阿列纽斯聪明好学，并且有着旺盛的精力，有时候也惹事生非。在教会学校上小学时，他就常惹教师生气。有一次他给同学们讲故事，竟过了上课时间，教师想要惩罚他，却被他逃脱了。

进入中学后，阿列纽斯各门功课都名列前茅，特别喜欢物理和化学。聪明的他总喜欢多想一些为什么，遇到疑难的问题也从不放过，常常与同学们争论一番，有时候也和教师争辩个不休。1876年，他进入了乌普萨拉大学。尽管选择了物理专业，但他仍保持着对化学的浓厚兴趣。1878年他提前半年通过了候补博士学位的考试，被校方认为是奇才。阿列纽斯选择有关电解质方面的课题作为学位论文，而乌普萨拉大学在这方面不够条件，于是他决定拜斯德哥尔摩大学的埃德隆教授为师，当时埃德隆教授正在研究和测量溶液的

阿列纽斯

诺贝尔风华

电导。埃德隆教授非常欢迎阿列纽斯的到来，在教授的指导下，阿列纽斯研究浓度很稀的电解质溶液的电导。

这个选题对他来说非常重要，如果没有这个选题，阿列纽斯就不可能创立电离学说了。在实验室里，他夜以继日地重复着枯燥无味的实验，整天与溶液、电极、电流计、电压计打交道，这样的工作一干就是两年。

## 以"三等成绩"获得博士学位

实验仅仅是研究工作的开始，更重要的是对实验结果的思考。1883年春天，阿列纽斯已经完成了大量的实验，他离开了斯德哥尔摩大学的实验室，回到乡下的老家。离开了那些电极、烧杯等实验器具，开始探索实验数据背后的规律。

通过实验，阿列纽斯发现，很稀的溶液通电后的反应与浓溶液相比，规律要简单得多。以前的化学家也发现了把水加入浓溶液中，电流就比较容易通过，甚至已经发现加水的多少与电流的增加有一定的关系，然而他们却很少去考虑电流和溶液浓度之间的关系。

通过实验和计算，阿列纽斯发现，电解质溶液的浓度对导电性有很大的影响。"浓溶液和稀溶液之间的差别是什么？"阿列纽斯反复思索着这个极简单的问题。"浓溶液加了水就变成稀溶液了，可见水在这里起了不可忽视的作用。"阿列纽斯静静地躺在床上往下想："纯净的水不导电，纯净的固体食盐也不导电，把食盐溶解到水里，盐水就导电了，水在这里究竟起了什么作用？"阿列纽斯坐起来，决定把这个问题搞清楚。他想起英国科学家法拉第1834年提出的一个观点："只有在通电的条件下，电解质才会分解为带电的离子。""是不是食盐（化学名

称是氯化钠）溶解在水里就电离成为氯离子和钠离子了呢？"这是一个

食 盐

非常大胆的设想。因为法拉第认为："只有电流才能产生离子。"可是现在食盐溶解在水里能产生离子，与法拉第的观点发生了冲突。不要小看法拉第这个人，虽然1867年他已经去世了，但是他对物理上的一些观点在当时是金科玉律。

另外，氯是一种有毒的黄绿色气体，盐水里有了氯，但并没有谁因为喝了盐水而中毒，看来氯离子和氯原子在性质上不一样的。因为离子带电，原子不带电。那时候，人们还不了解原子的构造，也不清楚分子

的结构。阿列纽斯能有这样的想象能力已经是很不简单的了。

1883年5月，阿列纽斯带着论文回到乌普萨拉大学，向化学教授克莱夫请教。阿列纽斯向他详细地阐述了电离理论，但是克莱夫对于这理论不感兴趣，只说了一句："这个理论纯粹是空想，我根本就无法相信。"

克莱夫是一位很有名望的实验化学家，他已经发现了两种化学元素：钬和铥。他的这种态度给当时满怀信心的阿列纽斯当头一棒，他知道要通过博士论文会很困难，虽然他认为自己的观点和实验数据并没有错，但是要说服乌普萨拉大学那一帮既保守又挑剔的教授们谈何容易。阿列纽斯小心谨慎地准备着他的论文，既要坚持自己的观点，又不能过份与传统的理论对抗。

四小时的答辩过去了，阿列纽斯如坐针毡。因为阿列纽斯的材料和数据都很充分，教授们又查看了他大学读书时所有的成绩，他的生物学、物理学和数学的考试成绩都很优秀，答辩委员会认为虽然论文不是很好，但仍然可以"及格"的三等成绩"获得博士学位"。

## 被承认的路难上加难

博士学位得到了，但是电离学说却不被人理解，特别在瑞典国内几乎没有人支持，他决定向国外寻找有力的支持者，找一些有创新能力、有新观点的人。

他首先想到的是德国物理学家克劳修斯。克劳修斯对热力学第二定律作出很大贡献，被认为是电化学的预言者，但是克劳修斯年老体衰，对新鲜事物缺乏兴趣。阿列纽斯也想到了德国化学家迈耶尔。迈耶尔曾经独立地提出过元素周期律，也是一位很有威望的化学家，但是迈耶尔

对此毫无反应。幸运的是并不是所有的科学家都麻木不仁，在里加工学院任教的奥斯特瓦尔德教授对阿列纽斯的态度就很不一样。

1884年6月的某一天，德国里加工学院教授、物理化学家奥期特瓦尔德的夫人刚刚分娩，一封瑞典来信正好送到他的手上。写信的是瑞典青年学者阿列纽斯，信中附有两篇关于电解质导电率的论文。奥期特瓦尔德一读论文，连呼"真了不起"，立即离开夫人，走进书房，陷入了深深的沉思。

克劳修斯

这一天，奥斯特瓦尔德正巧牙疼难忍，但是他不仅忘掉了牙疼，而且也忘掉了新生的小女儿，他疲惫不堪，然而又夜不成寐。反复看了好几遍以后，他觉得这个年轻人的观点是可取的。并且立刻意识到，阿列纽斯正在开创一个新的领域——离子化学。奥斯特瓦尔德立刻着手通过实验来证实阿列纽斯电离理论的正确性。第二天天一亮，他就给素不相识的阿列纽斯回信，热烈祝贺他这种新理论必将取得胜利。信既发出，他还觉得意犹未尽，随后又紧追一信，热切地表示非常想去瑞典与阿列纽斯会晤。

1884年8月，这次"特别访问"终于实现。奥斯特瓦尔德在瑞典亲自访问了阿列纽斯，他们探讨一些共同感兴趣的问题，这是他们毕生友谊和合作的开始。奥斯特瓦尔德会见了一批最有名望的学者，向他们

## 北欧的知识巨轮——斯德哥尔摩大学

推荐了阿列纽斯的论文。他对曾被乌普萨拉大学错误的评为"三等"的这篇落选论文，给予了高度的评价，并且奥斯特瓦尔德代表里加工学院授予了阿列纽斯博士学位。由于奥斯特瓦尔德的"青睐"，阿列纽斯摆脱了困境，被委任为乌普萨拉大学物理化学讲师。

乌普萨拉大学一景

在这次"特别访问"中，奥斯特瓦尔德热情邀请阿列纽斯到他的实验室进一步作广泛研究，并保证向他提供无限优越的实验条件。两年后，这一提议得到瑞典科学院的支持，阿列纽斯来到奥斯特瓦尔实验室工作。后来，奥斯特瓦尔德又在科学杂志上发现了另一个志同道合者——荷兰的范特霍夫，又亲自去荷兰拜会他。从此，开始了三人合作研究。

## 走进科学的殿堂

　　随着他们三个人的共同努力和科学技术的进步，阿列纽斯在原有基础上进一步发展了电离理论，并逐渐为科学界广泛知晓和理解。特别是原子内部结构的逐步探明，电离学说最终被人们所承认。原来反对电离学说的克莱夫教授还提议选举阿列纽斯为瑞典科学院院士。1903年，阿列纽斯因这一成就而获得诺贝尔化学奖。

　　1901年，开始首届选评诺贝尔奖的时候，阿列纽斯是物理奖的一个候选人之一，可惜最终落选了。1902年他又被提名诺贝尔化学奖，但也以落选告终。1903年，评奖委员会很多人都推举阿列纽斯，但是，对于他应获得物理奖还是化学奖意见不一。诺贝尔化学奖委员会提出给他一半物理奖，一半化学奖，这一方案过于奇特，被否定了。又提出他

诺贝尔风华

诺贝尔奖章

获奖问题延期至第2年，也被否决。电离学说在物理学和化学两个学科都很重要，人们一时很难确定他应该获得哪一个奖项。最后，阿列纽斯

获得了 1903 年诺贝尔化学奖。

　　阿列纽斯是第一位在获得诺贝尔奖的时候引起分歧的人，也是唯一的一个，这样的事情以后再也没有发生过，不过他的发明却在以后得到了广泛的应用。

诺贝尔风华

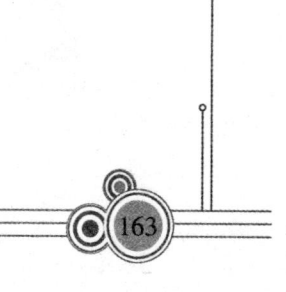

**走进科学的殿堂**

# 未学过化学专业的诺贝尔化学奖获得者——克鲁岑

诺贝尔风华

保罗·克鲁岑是荷兰国籍，大气化学家，尤其在开拓与臭氧有关的大气化学研究方面硕果累累。1973年获斯德哥尔摩大学气象博士学位。

荷兰风光

他是瑞典皇家科学院、瑞典皇家工程科学院院士。现为德国 Max – Planek – Institute 的化学教授。

## 战争爆发，在濒临失学的边缘艰难读完小学

1933 年 12 月 3 日，克鲁岑降生在荷兰阿姆斯特丹的一户普通人家里。家里有两个孩子，他排行老大。父亲约瑟夫·克鲁岑出生在荷兰的帕尔斯，这里是个荷兰与比利时以及德国三国交界的地方，因此他会讲三国语言，在一家饭店当侍者。母亲安娜·高克是一个来自乡村的农家姑娘，17 岁时从德国鲁尔工业区来阿姆斯特丹，在那里认识了约瑟夫·克鲁岑并与之结婚。婚后，安娜到附近的一家医院的食堂里做厨娘。

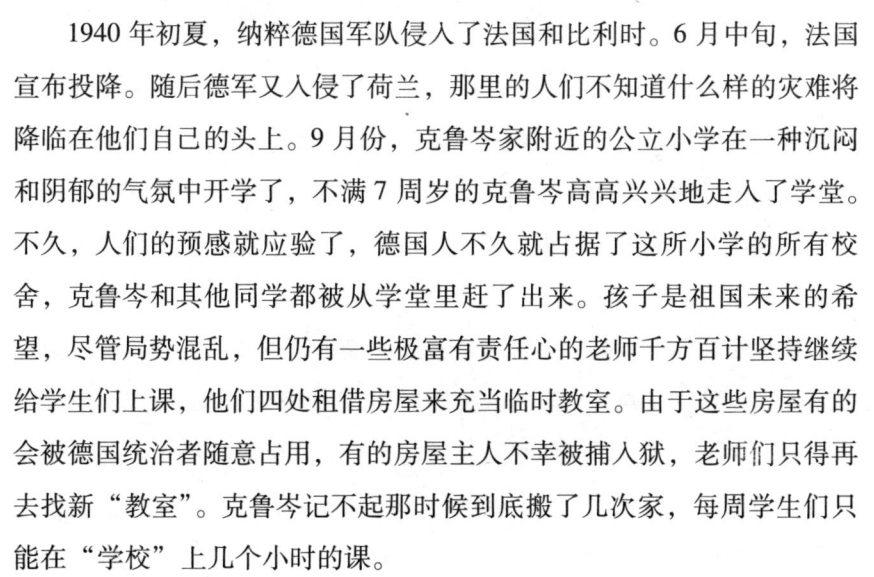

1940 年初夏，纳粹德国军队侵入了法国和比利时。6 月中旬，法国宣布投降。随后德军又入侵了荷兰，那里的人们不知道什么样的灾难将降临在他们自己的头上。9 月份，克鲁岑家附近的公立小学在一种沉闷和阴郁的气氛中开学了，不满 7 周岁的克鲁岑高高兴兴地走入了学堂。不久，人们的预感就应验了，德国人不久就占据了这所小学的所有校舍，克鲁岑和其他同学都被从学堂里赶了出来。孩子是祖国未来的希望，尽管局势混乱，但仍有一些极富有责任心的老师千方百计坚持继续给学生们上课，他们四处租借房屋来充当临时教室。由于这些房屋有的会被德国统治者随意占用，有的房屋主人不幸被捕入狱，老师们只得再去找新"教室"。克鲁岑记不起那时候到底搬了几次家，每周学生们只能在"学校"上几个小时的课。

局势越来越严峻了，有的老师被德军抓走了，有的被迫逃到国外去了，有的则下落不明。到处都是德国兵和密探，只要被他们怀疑是地下抵抗组织成员，就会遭到逮捕或枪杀的恶运。在这种险恶的情况下，家

走进科学的殿堂

克鲁岑

诺贝尔风华

长们怎么能放心让孩子们去上学呢？到小学的最后一年，几乎所有的学生都辍学在家了。但克鲁岑对于知识的渴望，使他战胜了对德国兵的恐惧。他和另外两个同学在老师的关照下，完成了小学的全部学业。而其他的同学则是等到战争结束以后，在1945年9月新学期开始后才恢复了正常的学习。

在战争期间，食品和燃料非常缺乏，战争结束前的最后几个月简直太艰难了，特别是被几个荷兰人称为"饥荒的1944年的冬天"，更加难以度日。生活用水被严格限量使用，每天只有几个小时供水。这使得卫生条件极差，许多人因饥饿和疾病而早早地死去，这其中也包括克鲁岑的几个非常要好的同学。1945年初，瑞典红十字会用降落伞空投食品以挽救荷兰人的生命，这才使饥荒得以稍许缓解。每当瑞典飞机飞临阿姆斯特丹上空时，克鲁岑就和大人们一起到街道上挥动着红白三色的荷兰国旗表示欢迎。当时，他只知道瑞典为他们送来了救命粮，而瑞典将在他此后的生活中变得多么重要，他当时还无从知晓。

## 考前生病，错失上大学的机会
## 时光流逝，心中理想不灭

由于没有放弃学习，克鲁岑顺利地考进中学。学校要求学生必须熟练掌握英语、法语和德语。克鲁岑从小就生活在几种语言的环境中，跟着父亲学习法语，跟着母亲学习德语。他喜欢物理和数学，但不喜欢化

国际象棋

学。他最热衷的运动是滑冰、打橄榄球、骑自行车和下国际象棋。他广泛阅读关于旅行、天文以及建筑方面的书。在中学时代，克鲁岑对科学产生了浓厚的兴趣，科学家是他心中的偶像，他下定决心长大后要从事科学研究，从事具有学术地位的职业。

为了能够考上大学，为了能够实现心中的理想，克鲁岑进行了认真充分的准备。但他在考试前夕生了一场病，发高烧，影响了正常水平的

发挥，考试成绩十分不理想，失去了取得大学奖学金的资格。父亲工作不稳定，经常被老板解雇，母亲的收入也非常少，对克鲁岑来说，失去奖学金就等于失去了上大学的希望。为了不加重父母肩上的负担，他选择了中等技术学校，以便成为土木工程师。这当然是他极不情愿的，但是他必须成为自食其力的人。1951年，克鲁岑进入阿姆斯特丹中等技术学校学习。在第2年的实习期里，克鲁岑挣得一份不多不少的薪水，足够他两年的生活费。1954年，克鲁岑毕业后到阿姆斯特丹桥梁建设局工作。工作后他到瑞士旅行，遇见了芬兰赫尔辛基大学历史系女学生索妮娜。他们一见钟情，1958年2月结了婚。这一年，克鲁岑在政府的房屋建设局找到了一份收入不错的工作，年底他有了第一个孩子。

娶妻生子，工作稳定，衣食不愁。这对于一般人来说，完全可以知足了。但是克鲁岑一直希望能够从事具有研究和学术性质的工作，但必须首先取得大学的文凭。这样一个念头一直在他的脑海里翻腾，使他终日闷闷不乐：难道一辈子就这样过下去吗？不，决不能这样！克鲁岑耐心地寻找和等待着机会的降临。

## 为了理想，不惜放弃一切

1958年等待许久的机会终于来了。一天，克鲁岑在一份瑞典语报纸上看到了斯德哥尔摩大学气象系招收计算机编程员。那时，斯德哥尔摩大学气象学院研究所及其相关的国际气象研究所都处于民办气象学研究的最前沿，但对于克鲁岑来说，最吸引他的是能够有机会跟读某些大学课程。尽管他缺乏气象方面的知识，也丝毫没有过计算机编程方面的经验，但为了能走进大学校园，他还是毅然报了名，并参加了面试。幸运的是，在众多报名者中他竟然被录取了。

## 北欧的知识巨轮——斯德哥尔摩大学

克鲁岑

1959年,克鲁岑辞去了政府职员的工作,举家搬迁到斯德哥尔摩。他一边工作,一边在大学里听课,他学习了数学、数理统计和气象学等课程。但是他没有上任何物理或化学课程,因为这些课程需要在实验室里做大量的实验,而他却没有时间。对于这一点,克鲁岑深感遗憾。在获诺贝尔化学奖之后,他曾经感慨万千地说:"在我的学习生涯中,我错过了直接动手做实验的机会,这是非常可惜的。也许,四年后,在我正式退休之后,我将考虑这方面的问题。"靠这种办法,克鲁岑在1963年取得了相当于硕士学位的资格。

### 关注环境问题,取得重大发现

作为气象研究所的一名雇员,论文的题目当然也要与气象学有关,这样克鲁岑就开始与气象学打交道了。气象研究所本来把进一步发展热

## 走进科学的殿堂

带气旋的数值模型这一课题交给了克鲁岑,但是1965年研究所又把帮助美国来的科学家研制一个氧的同素异形体在大气平流层中的分布的数值模型的任务交给了克鲁岑。这个课题使克鲁岑对大气层中臭氧的光化学反应产生了极大兴趣,他开始大量地阅读科学文献。到20世纪60年代后期,他已经掌握了平流层化学多方面的科学知识,这为他以后的科学生涯奠定了坚实的基础。

大气平流层

当时气象研究所主要的研究课题是由大气动力学、云物理学、碳循环、雨水的化学组成,特别是酸雨问题在研究所内更是备受关注。而克鲁岑则偏爱平流层的化学研究,对其他课题都不感兴趣,他要做有关自然界过程的纯科学研究,因此选择了平流层臭氧问题作为他的研究课题。

1930年,研究人员开始对臭氧层作全球性系统观察,揭示出太阳的大部分紫外线没有到达地面之前被臭氧层吸收了,这有助于保护人类的脱氧核糖核酸（DNA）免遭损害。DNA的损害会导致皮肤癌、白内障等疾病，并且会伤害人的免疫系统。臭氧层的存在对所有动植物的生存都是必不可少的。

克鲁岑通过一系列的研究发现：臭氧在平流层的分布很可能存在一种尚未发现的附加光化学过程。进一步的研究发现了氮化物对臭氧层光化学的影响，克鲁岑证实了氮的氧化物对平流层臭氧的破坏作用，这一破坏作用是人类活动的最终结果。

很长一段时间内，克鲁岑的发现并未被人们充分接受和重视，但他仍然继续自己的研究课题。20世纪70年代初，他发现欧洲的"协和式"及苏联的图—144超音速客机在平流层下部飞行时，飞机排出的气体中的氮氧化合物会破坏臭氧层。

20世纪70年代中期，美国化学家舍伍德·罗兰和马里奥·莫利纳也在臭氧层研究中取得了重要成果。他们发现人们常用的气雾剂和制冷剂中的氟利昂对臭氧层构成威胁，并可能带来灾难性的后果。

## 凭着努力获得诺贝尔化学奖

克鲁岑、罗兰和莫利纳等人的研究终于引起了人们的高度警觉。20世纪70年代末，人们发现南极上空的臭氧明显减少，80年代这种倾向更加明显，而且逐年加剧。人造卫星的观测也发现：覆盖在南极大陆上空的臭氧减少区十分明显，好似从臭氧层凿了一个"洞"，因此被称为"臭氧空洞"。1986年，南极臭氧空洞的面积与美国国土相当，几年后就覆盖了整个南极大陆，后来又发现北极上空也存在着同样的臭氧空洞。臭氧减少已成为全球性问题。观测发现，大气层中臭氧量的减少是全球性环境污染所引起的。

走进科学的殿堂

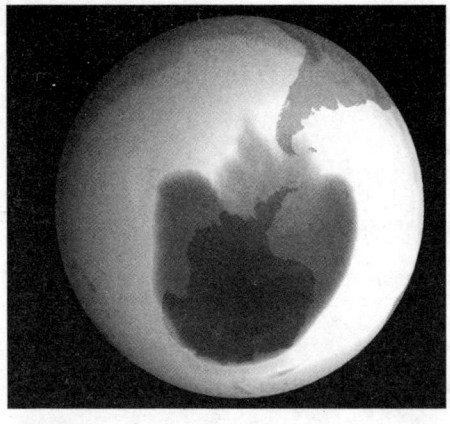

臭氧空洞

1987年9月，24个国家的政府官员在加拿大的蒙特利尔召开了国际会议，签订了"有关臭氧层保护条约的议定书"，该条约于1990年生效。

克鲁岑多年来辛勤的工作受到了人们的重视。1995年10月11日，瑞典皇家科学院宣布，1995年诺贝尔化学奖授予三位证明了人造化学物质对臭氧层构成破坏作用的科学家——克鲁岑、罗兰和莫利纳。这是诺贝尔奖第一次授予从事环境保护问题研究的科学家。

诺贝尔风华

这位26岁才得以上大学的科学家，其科学生涯起步较晚，而且也没有什么良好的专业知识，但是他凭着多年的努力，终于取得了巨大的成就。在获奖后，他说到："我很高兴地说，我对大气化学研究的兴趣和热情将不会减少。在这一领域，尽管已经有许多东西被发现了，甚至我——一个非专业人员、没有正规化学学习背景的人——也能作出发现。因此，这里仍有许多许多东西让其他人去发现。"

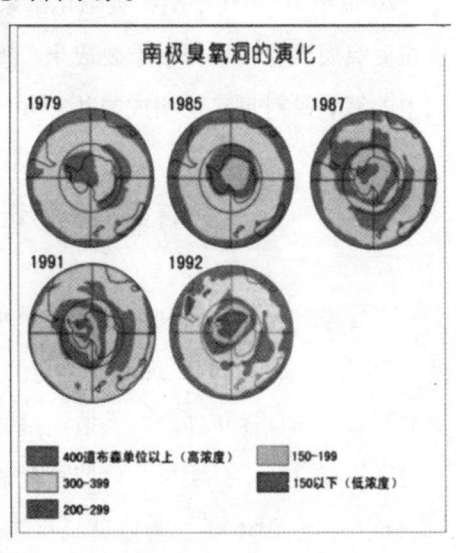

南极臭氧洞的演化

1979　1985　1987

1991　1992

400道布森单位以上（高浓度）　150-199
300-399　　　　　　　　　　　150以下（低浓度）
200-299

臭氧层的破坏